KB200406

가슴 뛰는 부르심

가슴 뛰는 부르심

놀라운 꿈으로 부르시는 하나님의 초청

이찬수

규장

하나님의 부르심에
단순하게 순종하라

일본에서 영향력 있는 CEO로 알려진 이나모리 가즈오가 쓴《어떻게 살아야 하는가》라는 제목의 책을 알게 된 것은 우리 집으로 날아든 신문 광고를 보고서였다. 분당우리교회에서 추진하던 일만성도 파송운동 막바지에 여러 가지 일들이 겹치면서 심신이 지쳐 있던 즈음에 우연히 읽게 된 한 문장이 내 눈에 강렬하게 각인되었다.

"목표를 머리로만 생각하는가? 가슴으로 원하고 몸으로 부딪히는가?"

이런 타이틀 아래로 강렬한 설명이 이어졌다.

"인생에 이루고자 하는 목표가 있는가? 그렇다면 그저 생각하고 바라는 것만으로는 부족하다. '엄청나게 절실히' 원해야 한다. 머리 끝부터 발끝까지 전신을 한 가지 바람으로 가득 채워, 내 몸속에 피가 아니라 염원이 흐르는 수준이 되어야 한다. 그 정도로 간절히 생각하고 갈망하는 것, 그것이 내가 90년 인생을 통해 깨달은 단 하나의 성공 비밀이다."

이분이 어떤 목표를 가지고 있었고 무엇을 이루어냈는지에 대해서는 별 관심이 없었다. 하지만 구십 평생을 오직 한 가지 목표를 향해 달려갔음을 드러내는 그의 글이 내 마음에 와닿았다.

경기도 고양시에 덕양중학교라고 있는데, 10년 전 이 학교는 폐교 권고를 받을 만큼 위기에 빠져 있었다. 그런 학교에 예수 잘 믿는 교장 선생님 한 분이 부임해오셨고, 그 후로 그 학교에 놀라운 변화가 일어났다. 학생 수가 급감하여 폐교 위기에 빠져 있던 학교가 다시 활력이 넘치는 학교로 변신한 것이다. 기적 같은 일이었다. 졸업을 앞둔 학생들은 학교를 떠나는 게 아쉬워 눈물을 펑펑 쏟았고, 학생과 학부모와 선생님 모두에게 소중하고 아름다운 학교가 되었다. 그 모습이 내 가슴을 뛰게 했다.

그 변화를 일으켜낸 덕양중학교의 교장 선생님이셨던 이준원 선생님이 쓴 《무엇이 학교를 바꾸는가》라는 책을 펼치면 눈에 들어오는 한 문장이 있다.

"학교가 아프다."

그리고 내용이 이렇게 이어진다.

"우리나라 학생들이 아프다. 몸보다 마음이 더 아프다. 학생만 아픈 게 아니라 교사도 아프고, 학부모도 아프다. 한결같이 몸보다 마음이 더 아프다. 행복한 미래를 꿈꾸고 서로 희망을 보듬어주며 살아가는 공간이 학교일 텐데, 어찌된 일인지 모두 상처받고 아픈 마음이 시작되는 곳이 학교가 되어버렸다."

나는 이 글에서 '학교'를 '교회'로 바꾸어 읽었다.

"교회가 아프다. 우리나라 성도들이 아프다. 몸보다 마음이 더 아프다. 성도만 아픈 게 아니라 목사도 아프고, 전도사도 아프다. 한결같이 몸보다 마음이 더 아프다."

지난 십 년은 내 인생에서 가장 큰 부담과 고통의 시간이었다. 어느 새벽에 하나님께서 주신 '한 교회만 사람이 몰려오는 것이 옳은 일이냐?'라는 지적으로 시작된 일만성도 파송운동. 이것을 선포한 후로 일도 많았고 탈도 많았다.

멀쩡하게 신앙생활 잘하고 있는 성도들을 흩어서 지역의 작은 교회로, 그리고 29개의 분립교회로 가라고 하는 것 자체가 무리였다. 더군다나 글자 그대로 '일만 성도' 파송은 과한 목표였다.

그러다 보니 이러지도 저러지도 못하는 진퇴양난에 빠져 마음이 어려울 때가 많았다. 그때 하나님은 창세기 12장에 나오는 아브라함을 묵상하게 하셨다.

뜬금없이 "너는 너의 고향과 친척과 아버지의 집을 떠나 내가 네게 보여줄 땅으로 가라"(창 12:1)라는 명을 받은 아브라함. 이런 당황스러운 명령을 받고 아브라함이 참 난감했겠다는 생각을 하는데, 내 눈에 확 들어오는 구절이 있었다.

아브람이 그의 아내 사래와 조카 롯과 하란에서 모은 모든 소유와 얻은 사람들을 이끌고 가나안 땅으로 가려고 떠나서 마침내 가나안 땅에 들어갔더라 창 12:5

아브라함의 복잡한 심경과 과정이 다 생략된 간단한 서술문을 읽으면서 나의 복잡한 머릿속도 정리되었다. 더군다나 "마침내 가나안 땅에 들어갔더라"라는 서술의 출발이 그 앞에 나오는 4절임을 알게 되었을 때 내 머리가 쓸데없이 너무 복잡한 것이 문제였음을 알게 되었다.

이에 아브람이 여호와의 말씀을 따라갔고 롯도 그와 함께 갔으며 아브람이 하란을 떠날 때에 칠십오 세였더라 창 12:4

'떠나라'는 말씀 앞에 '복잡하지 않은 순종'과 그런 순종을 통해 얻은 '단순한 결과'였다. 내게 부여된 일만성도 파송운동이라는 큰 숙제도 이 공식대로 따르기로 했다.

그 이후에 전 교인과 함께 창세기 12장부터 시작된 아브라함을 공부하기 시작했다. 말씀을 준비하는 한 주 한 주가 그야말로 내 삶에 던져지는 하나님의 지침의 말씀이었고, 순종할 때 허락해주시는 '마침내'의 기쁨의 시간이었다.

이제 그때의 감사와 감격을 담은 '아브라함 시리즈' 첫 번째 책을 세상에 내놓는다.

슬픔 많던 '데라의 족보'에서 시작하여 광야로 던져진 '하갈의 눈물'까지를 묶은 1권을 정리하면서 지난 10년의 세월이 주마등처럼 스쳐 지나갔다. 힘들고 어려운 시간이었지만 또한 이 책의 제목 그대로 참으로 '가슴 뛰는 부르심'의 시간들이었다.

이 책을 읽는 모든 분에게 "이에 아브람이 여호와의 말씀을 따라 갔고"와 "마침내 가나안 땅에 들어갔더라"의 은혜가 임하기를 기대하며 기도한다.

이찬수 목사

PART
03

언약 안에서 기다림으로
두려움을 이기다 ———— *"아브람과 더불어 언약을 세워 이르시되"*

My heart is beating through God's calling.

가슴 뛰는
꿈으로
부르시다

"너는 복이 될지라"

27 데라의 족보는 이러하니라 데라는 아브람과 나홀과 하란을 낳고 하란은 롯을 낳았으며 28 하란은 그 아비 데라보다 먼저 고향 갈대아인의 우르에서 죽었더라 29 아브람과 나홀이 장가 들었으니 아브람의 아내의 이름은 사래며 나홀의 아내의 이름은 밀가니 하란의 딸이요 하란은 밀가의 아버지이며 또 이스가의 아버지더라 30 사래는 임신하지 못하므로 자식이 없었더라 31 데라가 그 아들 아브람과 하란의 아들인 그의 손자 롯과 그의 며느리 아브람의 아내 사래를 데리고 갈대아인의 우르를 떠나 가나안 땅으로 가고자 하더니 하란에 이르러 거기 거류하였으며 32 데라는 나이가 이백오 세가 되어 하란에서 죽었더라 01 여호와께서 아브람에게 이르시되 너는 너의 고향과 친척과 아버지의 집을 떠나 내가 네게 보여 줄 땅으로 가라

새로운
출발

내 인생의 목적지

'나는 누구인가? 나는 어디서 왔고, 어디를 향해 가고 있는가?'

이런 질문들은 정체성과 관련된 질문들이다. 고려대학교 심리학과 박선웅 교수가 쓴 《정체성의 심리학》이란 책을 보면 '정체성'을 이렇게 설명한다.

"정체성이란 자신에게 중요한 것이 무엇이고 의미 있는 일이 무엇인지를 이해하고, 이를 바탕으로 삶의 방향에 대해 결단을 내린 정도를 의미한다."

저자는 정체성을 이렇게 정의하면서 정체성이 잘 정립된 사람들의 특징을 몇 가지로 설명했는데, 내용이 흥미롭다. 첫째로 정체성이 잘 정립된 사람들은 '영혼의 엑스레이 사진'을 가지고 있다고 한다.

정말 의미 있는 표현이다. '엑스레이 사진'이란 표현이 말해주듯이, 정체성 정립이 잘된 사람은 겉으로 보이는 외양이 아니라 그 내면의 중요성을 알고 자기 삶의 가치와 의미 부여가 잘되어 있다는 것이다.

저자는 정체성 정립이 잘되어 있는 사람들의 또 다른 특징으로 '자신의 목적지가 찍힌 내비게이션'을 가지고 있다고 했다. 모두가 초행길인 인생길에서 정체성 정립이 잘된 사람은 자기가 가야 할 목적지와 방향을 정확하게 알고 있다는 것이다. 저자는 책에서 몽테뉴의 명언을 인용하기도 했다.

"목적지가 없는 사공에게는 어떤 바람도 순풍이 아니다."

이 한마디가 나에게 큰 울림을 주었다.

이 말의 의미가 무엇인가? 가고자 하는 목적지가 정해져야 내가 맞닥뜨리는 것이 만남의 축복인지 인생의 방해물인지 알 것 아닌가? 지금은 정보가 넘쳐나는 정보의 홍수 시대다. 잘못하면 거기에 빠져 죽는다. 인터넷을 통해 마구 쏟아져 들어오는 정보들이 내게 유익한 것인지, 쓸데없는 것인지 판단이 서려면 내 방향이 정해져야 한다. 따라서 직면한 어떤 상황을 탓하기 전에 우리 인생의 목적지가 먼저 정해져야 한다는 것이다.

이런 의미에서 우리는 스스로에게 질문해야 한다.

"나에겐 내면의 아름다움을 잘 정리할 수 있는 영혼의 엑스레이 사진이 있는가? 나에겐 초행길인 인생길이 혼미하지 않을 수 있도록 목적지가 찍힌 인생의 내비게이션이 장착되어 있는가?"

열심히 살기는 사는데, 우왕좌왕하면서 여기 갔다 저기 갔다 하면 그것은 시편에 나오는 '바람에 나는 겨'와 같은 어리석은 모습 아니겠는가?

정체성을 확립해주는 길

《혼자 잘해주고 상처받지 마라》, 《상처받지 않고 끝까지 사랑하기》와 같은 책을 쓴 유은정 원장은 크리스천 정신과 의사이다. 유은정 원장이 정신과 병원을 개원하고 보니, 너무 많은 사람이 과거의 상처에 매몰되어 허덕이고, 또 너무 많은 사람이 인생의 어두운 밤을 보내고 있었다고 한다. 가슴이 아픈 사실은 예수 믿는 사람도 예외가 아니란 것이다.

왜 크리스천조차 이런 혼미한 인생을 거칠 수밖에 없는가? 유은정 원장은 '예수님을 믿는 사람으로서 정체성이 정립되어 있지 않아서 이런 것'이라고 정리했다. 그러면서 이분이 참 귀한 결심을 한다. '이런 힘든 사람들을 제대로 돕기 위해선 의사인 내가 먼저 건강한 정체성을 확립해야겠다'고.

그래서 병원을 정리하고 신학을 공부하기 위해 미국 유학을 떠난다. 이 정도로 소명 의식이 투철한 의사라니, 정말 너무 귀한 분 아닌가? 이처럼 귀한 결단을 내리고 미국으로 유학을 떠났는데, 중요한 것은 그다음이다. 이분의 책 저자 소개란에 이런 글이 있다.

"개원한 병원이 자리 잡기 시작했을 때 신학 공부를 위해 미국으로 훌쩍 떠났다. 하지만 광야 같은 그곳에서 지식은 해답이 되지 못했고, 갈급함만 더해갈 무렵 하나님의 말씀을 통해 자신의 정체성과 사명을 깨닫게 되었다."

결과만 보자면 유학 갈 필요가 없었다. 신학도, 훌륭한 지식도 해답이 아니었다. 하나님의 말씀이 인생의 영적인 내비게이션도 장착해주고 내면의 건강함을 보여주는 영적인 엑스레이 사진도 제공해준다는 것이다.

이 시대를 사는 우리는 다 위기다. 백신만 맞으면 코로나가 끝날 줄 알았는데, 이 시기만 지나면 안정을 찾을 수 있을 줄 알았는데, 코로나 팬데믹은 여전히 기승이고, 언제 끝날지 모르는 상황에 모두가 지쳐 있다. 거대한 시대적, 사회적 어려움 앞에 개개인의 고통도 날로 더 깊어지고 있다.

이런 때일수록 우리 내면을 살필 수 있는 영혼의 엑스레이 사진이 필요하다. 온 나라가 혼란에 빠져 있는 때일수록 내가 나아가야 할 목적지를 분명히 해주는 영혼의 내비게이션이 잘 장착되어 있는지 점검해야 한다. 하나님이 주신 정체성을 제대로 정립하지 않으면 길을 잃어버릴 위험이 너무 크다.

여호와께서 이르시되

이런 관점에서 아브라함을 살펴보려고 한다. 사실, 아브라함이라는 사람을 살펴보는 것 자체가 중요한 게 아니다. 누구를 살펴보건 상관없다. 갈 길을 알지 못했던 아브라함에게 갈 바를 가르쳐주시고 영적인 내비게이션을 장착해주신 하나님이 중요하기 때문이다.

하나님은 그의 길을 어떻게 인도하셨는가? 그리고 그 하나님께서 우리의 길은 어떻게 인도하고 계시는가?

> 여호와께서 아브람에게 이르시되 너는 너의 고향과 친척과 아버지의 집을 떠나 내가 네게 보여줄 땅으로 가라 **창 12:1**

"여호와께서 아브람에게 이르시되" 이 한마디를 한 계절 내내 묵상했다. 그러면서 얼마나 큰 은혜를 받았는지 모른다. 마음이 아픈 사람들을 돌보기 위해선 자신이 먼저 정체성을 온전히 세워야겠다는 갈급함을 가지고 유학길에 올랐지만, 지식을 통해서도 유명한 교수님을 통해서도 얻지 못했던 자신의 정체성과 사명을 하나님의 말씀으로 깨닫게 되었다는 유은정 원장의 고백이 실감되는 구절이다. 그래서 나는 이 성구에 '아브람' 대신 내 이름을 넣어서 적어두고는 한참을 묵상했다('아브라함'의 옛 이름이 '아브람'이다. 이때는 '아브람'이라고 불렀다).

"여호와께서 이찬수 목사에게 이르시되."

우리가 다 이 욕심을 내면 좋겠다. 하나님이 왜 아브라함에게만 말씀하시겠는가? "여호와의 말씀이 ○○ 집사에게 이르시되", "여호와의 말씀이 ○○ 청년에게 이르시되", "여호와의 말씀이 ○○

권사에게 이르시되." 지식으로도, 세계적인 석학에게서도 마음의 갈급함을 채울 수 없었던 유은정 원장이 결국 하나님의 말씀이 임하자 정체성과 소명을 새롭게 정립할 수 있었던 것처럼, 하나님이 말씀하시면 그 부러운 일들이 우리에게도 일어난다.

이 짧은 한마디가 아브라함의 삶에 얼마나 크고 깊은 영향을 미쳤는지, 그 놀라운 일이 우리 삶에도 일어나기를 바라는 소원을 가지고 이 말씀을 함께 살펴보자. 이 말씀이 가진 두 가지 파워가 있다.

혼란과 무질서를 잠재우는 힘

첫째로 "여호와께서 아브람에게 이르시되"라는 말씀에는 '혼란과 무질서를 잠재워주는 힘'이 있다.

보통 '아브라함 이야기'라고 하면 창세기 12장부터 떠올리는 경우가 많은데, 사실 아브라함의 삶을 살펴보기 위해선 창세기 11장 27절부터 시작되는 내용을 빠뜨리면 안 된다. 본문은 "데라의 족보는 이러하니라"라는 말로 시작된다. 데라는 아브라함의 아버지다. 따라서 데라의 족보는 아브라함의 족보이기도 하다.

나는 데라의 족보를 읽으며 너무 슬펐다. 여기서 인간의 한계를 발견하기 때문이다.

데라의 족보는 이러하니라 데라는 아브람과 나홀과 하란을 낳고 하란은 롯을 낳았으며 하란은 그 아비 데라보다 먼저 고향 갈대아인의 우르에서 죽었더라 **창 11:27,28**

데라의 족보가 시작하자마자 가장 먼저 나오는 것이 무엇인가? 아버지보다 먼저 죽은 자식이다. 아비로서 이보다 더 슬플 일이 있을까? 이보다 더 큰 절망이 있을까?

그리고 이어서 등장하는 게 이것이다.

사래는 임신하지 못하므로 자식이 없었더라 **창 11:30**

창세기 11장을 보면 가장 먼저 바벨탑 사건이 나온다. 그리고 이어서 셈의 족보가 나오고 마지막 부분에 데라의 족보가 나온다. 바벨탑 사건 직후에 등장하는 셈의 족보를 보면 계속해서 "낳았고, 낳았으며, 낳았고, 낳았으며, 낳았고, 낳았으며"가 이어진다. 그런데 아이러니하게도 하나님의 사람인 아브라함의 족보가 시작될 때는 아비보다 먼저 죽은 자식이 등장하고, 아기를 가질 수 없는 '아브람의 아내 사래'가 등장한다. 결핍의 역사다.

가장 비참한 내용은 32절에 나온다. 31절부터 보자.

데라가 그 아들 아브람과 하란의 아들인 그의 손자 롯과 그의 며느리 아브람의 아내 사래를 데리고 갈대아인의 우르를 떠나 가나안 땅으로 가고자 하더니 하란에 이르러 거기 거류하였으며 데라는 나이가 이백 오 세가 되어 하란에서 죽었더라 창 11:31,32

지금 목적지는 가나안이다. 그런데 도중에 엉뚱한 데로 샜다. 가나안으로 가야 하는데 하란에 머물며 거기서 허송세월하다가 인생을 끝내버린 역사가 데라의 족보이다.

이것이 혹 우리의 모습은 아닌가? 혼란과 결핍과 슬픔이 가득한 인생이 우리의 삶의 모습은 아닌가? 이 가슴 아픈 역사인 데라의 족보가 기록된 다음에 바로 나오는 것이 "여호와께서 아브람에게 이르시되"이다. 이 모든 혼란을 잠재워주는 차원의 하나님 말씀인 것이다.

왜 혼돈과 흑암에 빠졌을까?

이런저런 자료를 찾다가 구약학 김재구 교수가 쓴 〈아담과 노아의 실패, 그리고 아브라함의 성공〉이라는 제목의 논문을 보게 되었는데, 거기서 천지창조 때의 상황과 바벨론 사건 이후 노아의 홍수 때의 상황을 비교해놓은 도표를 발견했다. 그 도표를 보고 내 마음이 얼마나 명쾌해졌는지 모른다.

그 도표의 맨 위에는 창조 이전의 상황과 바벨탑 사건 이후 언어가 혼란해지고 모두가 흩어져버렸으며, 결국 홍수라는 심판을 맞게 된 비참한 상황이 비교되어 있었다.

혼돈의 물인 깊음의 샘이 지배 (창 1:2a)	혼돈의 물인 깊음의 샘이 터짐 (창 7:11)

성경은 하나님의 창조 사역 이전의 상태를 '혼돈과 공허와 흑암이 깊은 상태'라고 증거한다.

> 태초에 하나님이 천지를 창조하시니라 땅이 혼돈하고 공허하며 흑암이 깊음 위에 있고 하나님의 영은 수면 위에 운행하시니라 **창 1:1,2**

바로 이 상태가 하나님 없이 우리 지혜로 바벨탑을 쌓을 수 있다고 하는 악한 시도를 하다가 결국 그대로 두고 보실 수 없으셨던 하나님으로 인해 혼란을 겪고 흩어짐을 당하는 상태라는 것이다. 혼돈과 공허와 흑암의 상태다.

그리고 바로 이 상태가 창세기 12장 1절에서 "여호와께서 아브람에게 이르시되"라는 말씀이 선포되기 이전의 데라의 족보가 보여주던 상태이다. 한계와 결핍이 가득하고 목적지를 잃은 채 허송세월하다가 엉뚱한 곳에서 생을 마감해버린, 혼돈과 공허와 흑암의 상태 말이다.

꽤 오래전에 창세기 1장 2절의 말씀을 예레미야서 4장 22,23절의 말씀과 함께 다룬 적이 있다.

> 내 백성은 나를 알지 못하는 어리석은 자요 지각이 없는 미련한 자식이라 악을 행하기에는 지각이 있으나 선을 행하기에는 무지하도다 보라 내가 땅을 본즉 혼돈하고 공허하며 하늘에는 빛이 없으며

렘 4:22,23

이때 이스라엘은 엄청난 타락에 빠져 있었다. 그런 그들의 상태를 보니 하나님이 천지를 창조하시기 이전의 상태, 즉 "혼돈하고 공허하며 하늘에는 빛이 없는" 상태더란 것이다. 그들이 왜 타락할 수밖에 없었는가? 겉으로 보기에는 '선민'이라는 긍지를 가지고 있었지만, 그들의 실상은 혼돈과 공허와 흑암의 상태에 놓여 있었기 때문이다.

우리도 마찬가지 아닌가? 이력서의 종교란에 '기독교'라고만 쓰면 혼돈과 공허가 없는 하나님의 자녀가 되는 것인가? 아니, 우리는 분명 예수님을 믿는데 왜 자꾸 인생이 이렇게 허무한 것인가? 왜 자꾸 하나님의 창조 이전의 상태와 똑같이 혼돈과 공허와 흑암이 깊은 상태에 빠지냐는 것이다.

이 땅을 살아가는 우리 인생에 불쑥불쑥 찾아오는 불청객이 두 가지가 있는데, 하나는 감기고 하나는 공허함이다. 예수님을 믿는데, 하나님이 나를 인도하시는 내 아버지가 되셨다고 고백은 하는데, 감기는 어쩔 수 없다 치더라도 어떻게 공허함이 내 인생에 제멋대로 찾아오는 불청객이 되도록 방치할 수 있단 말인가?

왜 이런 허무함이 밀려오는가? 하나님은 우리에게 '가나안'이라는 목적지를 설정한 인생의 내비게이션을 장착해주셨는데, 우리는 '하란'이란 엉뚱한 곳에서 기웃거리고 있기 때문 아닌가?

인생이 혼란스러운가? 공허한가? 지금이야말로 창세기 12장 1절 말씀이 우리 귀에 들려야 할 때다.

"여호와께서 ○○에게 이르시되."

하나님의 아마르가 필요하다

그런데 한 가지 흥미로운 게 있다. 다시 하나님이 천지를 창조하시던 창세기 1장으로 가보자.

하나님이 이르시되 빛이 있으라 하시니 빛이 있었고 **창 1:3**

하나님의 창조 사역이 시작됐는데, 여기 나오는 "하나님이 이르시되"에서 '이르시되'가 히브리어로 '아마르'이다. 그런데 중요한 것은, 하나님이 흑암과 혼돈과 공허 속에 빠져 있던 세상에서 창조하실 때 사용하셨던 이 '아마르'가 창세기 12장 1절에서 혼란한 데라의 족보가 끝나자마자 나오는 "여호와께서 아브람에게 이르시되"의 '이르시되'와 같은 단어란 것이다.

깊은 흑암 가운데서 빛을 창조하시는 것도 하나님의 '아마르'이고 바벨탑 사건 이후로 인간이 겪었던 극심한 혼돈과 혼란의 상황을 잠재울 수 있는 능력도, 아브라함의 아버지 데라의 족보에 가득했던 결핍과 한계로 얼룩진 혼란스러운 상황을 잠재우는 능력도 하나님의 '아마르'란 것이다. 하나님의 말씀이 모든 혼란을 잠재우는 능력이다.

다시 묻는다. 사는 게 혼란스러운가? 어디가 길인지 모르겠는가? 감기와 더불어 수시로 찾아오는 게 마음의 공허함인가? 지금이야말로 그 혼란과 무질서를 잠재우는 하나님의 아마르가 필요하다. 하나님의 아마르가 선포되어야 한다.

다시 출발하게 하는 힘

둘째로 "여호와께서 아브람에게 이르시되"는 '방황을 끝내고 다시 출발하게 하는 힘'을 가지고 있다.

데라는 가나안 땅으로 가고자 했으나 하란에 거류하다가 거기서 죽었다. 이중수 목사님이 쓰신 《모리아 산으로 가는 길》이란 아주 오래전에 나온 책이 있는데, 그 책에 왜 목적지는 가나안인데 도중에 엉뚱한 하란에 머물렀는지에 관해 설명하는 대목이 나온다.

'하란'은 '교차로'란 뜻인데, 지명의 뜻 그대로 하란은 길이 잘 연결되어 있어서 국제무역로의 교차점에 위치해 있었던 곳이라고 한다. 그러니까 당시 상업도시로 번성했던 곳이 하란이었다는 것이다.

이것이 무엇을 의미하는가? 자기들이 떠나온 고향 갈대아 우르보다 훨씬 번창하고, 게다가 자기들같이 고향을 떠나온 이주민들이 일자리도 쉽게 구할 수 있는 하란을 보니 눈이 번쩍 뜨인 것이다. 거기서 잠깐 머물다 가기로 했다가 머문 것인지, 아예 자리를 잡고 둥지를 틀려고 머문 것인지는 잘 모르겠지만 데라는 결국 거기서 허송세월하다가 죽어버렸다.

이런 글을 읽으며 나 자신을 돌아보게 되었다. 보따리 두 개 들고 가족이 모두 있는 미국을 떠나 한국으로 역이민을 와서 지낸 지가 벌써 30년이 넘었다. 오 남매 중에 막낸데, 어머니와 함께 지내지 못한 세월이 벌써 그렇게 된 것이다. 내가 왜 이런 역이민을 선택했을까? 하나님이 나에게 소명을 주셨기 때문이다.

'한국에 가서 청소년들을 도와라. 아름다운 교회를 세워라.'

나는 데라의 결말을 보면서 마음의 소원을 새롭게 가졌다. 그렇게 하나님의 말씀을 따라 가족을 떠나 한국으로 돌아왔는데, 내 인생의 마지막이 하란이 아니기를…. 열심히 사역했지만 내 사역의 마지막이 내가 은퇴하는 그 순간에 봤더니 화려한 하란에 서 있었던 것이라면, 내 인생은 실패한 것 아닌가? 그래서 하나님께 기도한다.

그런데 여기서 중요하게 짚고 넘어갈 게 하나 있다. 우리가 지금 살펴보고 있는 창세기 12장 1절에서의 부르심이 사실은 두 번째 부르심이라는 것이다. 굉장히 중요한 포인트이다.

사도행전 7장을 보자.

스데반이 이르되 여러분 부형들이여 들으소서 우리 조상 아브라함이 하란에 있기 전 메소보다미아에 있을 때에 영광의 하나님이 그에게 보여 이르시되 네 고향과 친척을 떠나 내가 네게 보일 땅으로 가라 하시니 아브라함이 갈대아 사람의 땅을 떠나 하란에 거하다가 그의 아버지가 죽으매 하나님이 그를 거기서 너희 지금 사는 이 땅으로 옮기셨느니라 행 7:2-4

여기 나오는 '메소보다미아'가 갈대아 우르이다. 그러니까 아브라함이 고향 갈대아 우르에 있을 때 하나님이 1차로 그를 부르셨다. 그가 부르심에 순종해서 목적지를 향해 나가다가 도중에 하란이라는 화려한 도시에 머물게 되었다. 그런 그를 12장 1절에서 하나님이 2차로 부르신 것이다. '너 거기서 뭐하니?'라고 하시며 목적지인 가나안을 향해 다시 나가게 하신 것이 바로 이 말씀이다.

"여호와께서 아브람에게 이르시되."

두 번째 부르심이 필요하다

이 말씀은 나에게도 굉장히 중요한 의미로 다가왔다. 앞에서 얘기했듯이, 내가 미국에서의 이민 생활을 끝내고 가족을 떠나 혼자 한국으로 돌아올 때 하나님이 지정하신 목적지는 가나안이었다. 그러다 교회를 개척했는데, 이렇게 큰 교회는 꿈꾸지도 않았고 원하는 바도 아니었다. 그래서 옥한흠 목사님이 개척하라고 하시며 모든 개척 비용을 100퍼센트 다 지원해주는 '개척 1호'로 지정해주셨음에도 불구하고, 엘리베이터도 없는 상가 건물 4층에 70평짜리 자리를 계약한 것이다. 옥 목사님께 그 견적서를 드리니까 "왜 이것밖에 청구를 안 했어"라고 하셨다.

상가 건물 70평이 어느 정도인지 아마 감이 잘 안 올 것이다. 거기에 화장실 만들고 복도 만들고 주일학교 공간 만들고 하면 어른들 몇 명 못 모인다. 이렇게 작은 공간에서 교회를 시작하려 했는데, 인근 교회의 반대로 그 장소를 포기할 수밖에 없는 위기가 찾아왔다. 그 장소를 포기하고 새로운 장소를 구하지 못해서 방황하고 있을 때 기적적으로 지금의 송림중고등학교에서 교회를 시작할 수 있게 되었다. 그런 과정을 거치면서 분당우리교회가 생각지도 못한 대형교회가 되어버렸다.

나는 종종 스스로에게 질문한다. 이런 화려함이 나의 초심을 잃게 만들지는 않았는지. 내가 은퇴할 때 내가 당도한 목적지가 가나안이어야 하는데, 내가 발을 딛고 있는 분당우리교회가 나에게 너무나 화려한 하란이 되어버린 것은 아닌지, 그것이 두렵다. 젊은 시절에 꿈꾸었던 가나안을 향한 꿈은 잊어버리고 '지금 여기가 좋사오니' 하며 머물러 있는 것은 아닌지. 만약 그렇다면 내 인생은 데라처럼 실패한 인생이 되고 마는 것 아닌가? 그래서 두렵다.

내가 젊었던 시절이 아직도 기억난다. 대학교 다닐 때 캠퍼스를 바라보며 꿈을 꾸고, 캠퍼스의 복음화를 위해 눈물 흘리며 기도하고, 예수 안 믿는 친구들이 술 마시며 밤새워 놀 때 콜라 몇 병 사놓고 밤새 꿈을 나누던 시절이 있다.

대학생 때 나는 학생신앙운동(SFC)에 소속되어 있었는데, 그때 외웠던 'SFC 강령'을 요즘도 가끔 되뇐다.

우리는 개혁주의 신앙과 생활을 확립하여 세상의 빛과 소금이 됨을 우리의 목적으로 한다. 우리의 사명은 다음과 같다.
- 개혁주의 신앙의 대한 교회 건설과 국가와 학원의 복음화
- 개혁주의 신앙의 세계 교회 건설과 세계의 복음화

"하나님 중심, 성경 중심, 교회 중심"을 되뇌던 그 젊은 시절이 내게 있었는데, 지금은 이 화려한 교회가 나에게 하란이 되어버린 것은 아닌지, 그 두려움이 있어서 자꾸만 이것을 외운다.

당신은 어떤가? 당신에게도 그렇게 꿈꾸던 시절이 있지 않았는가? 하나님의 부르심에 가슴 뛰던 때가 있지 않았는가? 중고등학교 다니던 어린 나이에 수련회에 가서 눈물을 흘리며 "이 나라 대한민국을 위해 기도합니다! 이 땅을 회복시켜주소서"라고 소리 높여 기도하던 시절이 있지 않은가? 나도 그런 때가 있었다.

그런데 어쩌다가 목적지를 잃어버리고 화려한 하란에 머물게 되었는가? 지금이야말로 우리에게 하나님의 두 번째 부르심이 필요하다.

하나님이 보내신 곳이 내게 주신 가나안입니다

얼마 전에 우리 교회에서 청소년 사역하던 부목사님이 전라도 광주에 있는 작은 교회로 부임을 해갔다. 그런데 그 과정이 참 감동이 되었다. 어느 날 이 목사님이 내게 오더니 "전라도 광주의 한 교회에서 청빙이 왔는데 거기로 가려고 합니다"라고 하는 게 아닌가. 그래서 진지하게 말했다. 왜 이렇게 서두르냐고. 아직 교구 사역도 한 번도 안 해보고 중등부 사역만 하다가 담임목사로 가면 얼마나 힘들 텐데, 조금 더 있다가 가라고. 그러면서 진지하게 숙제를 내줬다. 아내와 함께 하나님의 뜻을 구하는 기도를 해보고 하나님의 응답이 있으면 다시 오라고 말이다.

며칠 뒤에 이 목사님이 다시 왔다. 그러면서 고백하기를, 사실은 그 교회에서 청빙을 받기 이전부터 마음에 갈급함이 있었다고 한다. 분당우리교회에서 벌써 10년 차인데, 자신이 지금 너무 편한 환경에 안주하여 머물러 있는 것은 아닌가 하는 부담이 있었다는 것이다. 그래서 아내와 함께 기도하고 있었는데, 그 기도를 시작하고 얼마 안 되어 그 교회에서 청빙이 왔고, '이것은 하나님의 뜻'이라고 생각하여 아내와 함께 의논하고 그 청빙을 받아들였다는 것이다.

나는 그 자리에서 축복하며 허락했다. 그렇게 분당우리교회를 떠나간 그 목사님이 아직도 내 마음에 머물러 있다. 그 목사님은 성인 목회는 한 번도 해보지 않은 채 낯선 전라도 광주의 교회로 가서 아마도 힘들 것이다. 그래도 그 교회가 하나님이 허락하신 가나안이리라. 이 꿈을 가지고 있다면 위치가 무엇이 중요하겠는가? 하나님이 부르시는 그 자리가 바로 하나님이 원하시는 목적지 가나안인 줄 믿는다.

얼마 전에 대구로 부임해 간 또 다른 우리 교회 출신 목사님에게서도 가끔 이런 연락이 온다.

"이곳이 나의 목회지이며 하나님이 주신 가나안이기 때문에 너무 감사하고 행복하게 사역하고 있습니다."

한국교회가 변질했고 타락했다는 말이 많지만, 그럼에도 여전히 신실한 종들이 많이 있음을 느낀다. 곳곳에 하나님이 맡겨주신 사명을 따라 "이곳이 나의 가나안입니다"라고 눈물로 고백하며 그 자리를 지키는 주의 종들이 얼마나 많은지 모른다. 이런 사실을 감사하면서, 그런 신실한 종들을 위해 기도로 후원해야 하는 책임이 우리에게 있다는 것을 기억해야 한다.

스티브 잡스가 스탠퍼드대학교 졸업식 때 했던 유명한 축사의 한 대목에 이런 내용이 있다.

"여러분의 삶은 한정되어 있으니 다른 사람의 삶을 살면서 여러분의 삶을 낭비하지 마세요."

스티브 잡스의 연설을 본문 말씀에 빗대어 다시 해석하자면, 이렇게 할 수 있을 것 같다.

"겉으로 화려해 보인다고 엉뚱한 하란에서 세월 낭비하지 말고, 우리의 삶은 한정되어 있으니 하나님이 원하시는 목적지 가나안을 향해 발걸음을 옮기십시오."

우리가 어디에 있든지 그곳이 하나님이 허락하신 가나안이 되기를 원한다. 그곳이 어디든 상관없다. 하지만 하란은 더 이상 곤란하다. 내가 좋아서 있는 곳, 화려하고 매력이 있어서 머물러 있는 곳에서 데라처럼 비참하게 인생을 끝내지 말고, 하나님이 우리에게 허락하신 곳을 향해 발걸음을 옮겨야 한다. 나는 지금도 꿈꾸며 기도한다.

"하나님, 제 목회의 마지막이 화려한 하란에서 머무는 것으로 끝나지 않고 하나님이 보내신 목적지 가나안에서 마무리되기를 원합니다!"

창세기 12:1-5

1 여호와께서 아브람에게 이르시되 너는 너의 고향과 친척과 아버지의 집을 떠나 내가 네게 보여 줄 땅으로 가라 2 내가 너로 큰 민족을 이루고 네게 복을 주어 네 이름을 창대하게 하리니 너는 복이 될지라 3 너를 축복하는 자에게는 내가 복을 내리고 너를 저주하는 자에게는 내가 저주하리니 땅의 모든 족속이 너로 말미암아 복을 얻을 것이라 하신지라 4 이에 아브람이 여호와의 말씀을 따라갔고 롯도 그와 함께 갔으며 아브람이 하란을 떠날 때에 칠십오 세였더라 5 아브람이 그의 아내 사래와 조카 롯과 하란에서 모은 모든 소유와 얻은 사람들을 이끌고 가나안 땅으로 가려고 떠나서 마침내 가나안 땅에 들어갔더라

2 chapter

새로운 것을
추구하라

일단 움직인다

신병철 박사가 쓴 《리츄얼》이라는 제목의 책이 있는데, 이 책의 부제가 "일단 움직여라, 마음은 따라온다"이다. 그 책 표지에도 비슷한 문구가 있다.

"생각보다 중요한 행동의 힘, 해보면 하고 싶어진다!"

그리고 목차를 보니 1장의 제목도 이와 비슷하다.

"먼저 행동하라, 마음은 따라온다."

비슷한 이 문구들이 무엇을 강조하고 싶은지 감이 잡히지 않는가? 보통 사람들은 몸과 마음의 관계에서 마음이 우선이라고 생각한다. 그래서 "무언가를 하려면 결심이 중요하다"라는 말을 많이 한다. 마음이 먼저 움직여야 한다는 뜻이다. 그러나 현실적으로 보면 아무리 마음을 굳게 먹고 결심해도 몸이 잘 따라주지 않는 경우가 많다.

이 책의 저자는 '마음이 가는 데 몸이 가는 게 아니라, 몸 가는 데 마음이 간다'라는 것을 여러 가지 자료로 증명하면서 책을 풀어나간다. 그래서 저자가 강조하는 것은 '일단 움직여라. 먼저 행동해라. 마음은 뒤따라온다'이다.

그런가 하면 《무조건 심플》이라는 제목의 책이 있는데, 이 책에서 경영 컨설턴트인 저자가 오랜 연구 끝에 내린 결론을 소개하는데, 결론이 이렇다.

"비즈니스에서 가장 효력이 큰 단 하나의 법칙이 있다면 사업장과 시장을 단순화하라는 것이다."

그래서 책 제목이 《무조건 심플》이다. 사실 나는 내용도 보지 않고 이 책을 구매했다. 왜냐하면 책 제목인 '무조건 심플'이 내 인생의 구호이기 때문이다. 나는 하나님 앞에서 복잡하게 생각하고 복잡하게 살면 안 된다고 주장한다. 물이 위에서 아래로 흐르면 복잡할 것이 없다. 물을 아래에서 위로 끌어올리려니까 복잡해지는 것이다. 이것이 내가 자주 강조하는 '물 철학'의 요지다. 마찬가지로 우리를 설계하시고 우리를 가장 잘 아시는 창조주 하나님께서 우리에게 주시는 말씀을 따라 살아가면 복잡할 것이 하나도 없다. 그 뜻에 역행하려 할 때 인생이 복잡해진다.

이 책들이 주장하는 내용을 보면서 나는 이런 구호를 만들어봤다.

"하나님의 뜻이면 순종한다. 하나님의 뜻이면 일단 움직인다. 먼저 행동한다. 그러면 마음은 따라온다."

단순해야 순종을 잘한다

본문에서 아브라함이 보여주는 모범이 바로 이런 모습이다. 복잡한 것이 하나도 없다. 창세기 12장 1절에서 하나님이 말씀하신다.

"너는 너의 고향과 친척과 아버지의 집을 떠나 내가 네게 보여줄 땅으로 가라."

그러자 4절에서 아브라함은 즉각 행동했다.

"이에 아브람이 여호와의 말씀을 따라갔고 롯도 그와 함께 갔으며 아브람이 하란을 떠날 때에 칠십오 세였더라."

복잡한 게 없다. 생각 없이 사는 것도 문제지만, 생각을 너무 복잡하게 해서 한 걸음도 행동으로 못 옮기는 것이 더 큰 문제다.

출애굽기 3장에 나오는 소명 받기 이전의 모세가 딱 그렇게 생각이 복잡했던 사람이다. 애굽에서의 종살이로 신음하는 이스라엘 백성을 해방해주길 원하셨던 하나님이 그 지도자로 모세를 부르셨다.

이제 내가 너를 바로에게 보내어 너에게 내 백성 이스라엘 자손을 애굽에서 인도하여내게 하리라 출 3:10

그때 모세가 어떤 반응을 보이는가?

모세가 하나님께 아뢰되 내가 누구이기에 바로에게 가며 이스라엘 자
손을 애굽에서 인도하여 내리이까 **출 3:11**

그냥 "아멘" 하면 되는데 모세의 생각이 너무 복잡하다. 하나님
이 계속 설명해주시는데 "사람들이 내 말을 듣겠습니까? 아무도 내
말을 안 믿을 겁니다. 나는 말재주가 없는 사람입니다. 혀가 둔한
사람입니다"라고 한다. 하나님이 아무리 도와주신다고 하셔도 모
세의 생각이 너무 복잡한 것이다.

답답한 성경 속 모세의 모습을 보다가 시원한 구절 하나가 떠올
랐다. 마가복음 1장을 보면, 예수님이 해변을 지나시다가 그물질
하는 베드로와 안드레를 보시고 부르신다.

예수께서 이르시되 나를 따라오라 내가 너희로 사람을 낚는 어부가 되
게 하리라 하시니 **막 1:17**

그랬더니 베드로와 안드레가 어떻게 하는가?

곧 그물을 버려두고 따르니라 **막 1:18**

시원시원하지 않은가? 복잡한 것이 없다. 주님이 따라오라고 하
시는데, 이런 대단한 일이 어디 있나? 그래서 그냥 "곧 그물을 버려

두고” 따라갔다. 주님의 말씀이 진리다 싶으면 그냥 따르면 된다.

말씀을 들었으면 따르면 된다

내가 미국에서 조그마한 비즈니스를 막 시작했던 스물아홉 살에 하나님이 나에게 ‘한국으로 돌아가라. 목사가 되어 청소년들을 도와주라’ 말씀하셨다. 엄청 복잡한 것 같아도 아무 일도 아니다. 나는 아주 간단하게 생각했다.

‘이게 정말 하나님의 부르심이면 순종해야지.’

복잡하게 머리 굴리지 않고 성경을 읽었다. 두 달 동안 창세기부터 요한계시록까지 성경을 읽으며, 이것이 진짜 하나님의 부르심인지 아니면 나의 생각인지 점검했다. 그리고 확신했다.

‘이건 하나님이 부르시는 소명이다.’

그래서 한국으로 돌아왔다. 복잡하게 생각 안 했다. 복잡할 게 뭐가 있는가? 오죽 간단하게 생각했으면 한국에 도착은 했는데, 그날 밤에 어디서 잘지 궁리도 안 하고 왔다. 결국 당시 신혼부부였던 내 친구 집에서 보름이나 머물렀다.

내가 복잡하게 생각했으면 절대로 한국에 못 돌아왔다. 결혼도 안 했지, 오 남매 중의 막내지, 온 가족이 도와줘서 사업 시작한 지 얼마 안 되었지, ‘하나님, 저 한국에 못 가요’라며 댈 수 있는 이유가 열 가지도 넘었다. 그러나 하나님의 부르심이면 가는 것이다. 복잡하게 고민하고 생각하고 따져볼 것 없이.

분당우리교회 개척도 그렇게 단순하게 순종했기 때문에 할 수 있었다. "교회를 개척해라"라고 명하시는 옥한흠 목사님 말씀에 "저는 지금 개척할 상황이 아닙니다. 못 합니다"라고 말씀드릴 수 있는 이유가 열 가지도 넘었지만, '옥 목사님이 얼마나 기도하고 나에게 이런 말씀을 하셨을까?' 생각하고 그저 "네" 했다.

물론 개척하고 몇 달간 혼미한 시간을 보냈지만, 지금에 와서 돌아보면 그때 목사님께 "전 개척 못 합니다"라고 했으면 어쩔 뻔했을까 싶다.

그래서 나는 《무조건 심플》이란 책의 제목을 그대로 받는다. 하나님의 뜻이면 심플하게 순종하는 것이다. 우리 교회 부목사들에게 끊임없이 요구하는 것도 이것이다.

"생각을 줄여라. 생각이 너무 많다. 뭐가 그렇게 복잡하냐? 하나님이 하라고 하시면 하면 되고, 하나님의 뜻이 아니다 싶으면 안 하면 된다."

아브라함을 통해 우리는 다시 한번 이 중심을 회복해야 한다. 하나님의 말씀 앞에 너무나 단순하게 반응했던 아브라함을 보면서 이것을 배워야 한다. 이 중심을 가지고, 하나님이 무엇을 명하셨고, 아브라함이 어떻게 순종하며 나갔는지를 살펴보자.

하나님이 주신 첫 번째 명령 - 가라

본문에서 하나님이 아브라함에게 주신 명령은 딱 두 가지다. 첫 번째 명령은 "가라"이다.

여호와께서 아브람에게 이르시되 너는 너의 고향과 친척과 아버지의 집을 떠나 내가 네게 보여줄 땅으로 가라 **창 12:1**

그런데 "가라"라는 명령 앞에 전제가 있다. "떠나"이다. 하나님은 "가라"라는 말씀 앞에 "떠나"라는 말씀을 먼저 주신다. 이것이 전제다.

생각해보면 여기 나오는 "너의 고향과 친척과 아버지의 집" 전부 다 아브라함에게 너무나 소중한 것들이다. 게다가 그 '떠나'의 강도가 점점 세진다.

맨 먼저 '너의 고향을 떠나라'고 하신다. 이건 좀 쉽다. 나도 고향을 떠났고, 고향을 떠난 사람은 많다. 그런데 하나님의 말씀은 그렇게 끝나지 않는다. 고향만 떠나는 것이 아니다. 고향을 떠날 뿐만 아니라 '친척도 떠나라'고 하신다. 이것은 약간 더 어려운데, 이것도 끝이 아니다. 떠남의 강도가 점점 더 세져서 결정적으로 '너의 아버지 집을 떠나라'고 하신다. 이것은 지금까지 살던 동네를 떠나는 것과 전혀 다른 이야기다.

나는 가족을 떠나봤기 때문에 이것이 얼마나 힘든지 안다. 이안 더귀드의 《믿음으로 산다는 것》이라는 책이 있는데, 저자는 믿음으로 산다는 것에 대해 "아브라함이 말씀에 순종하여 발걸음을 내딛기 전에 먼저 해야 했던 것은 그가 소중히 여기던 모든 것들과의 결별"이었다고 언급했다.

예전에 나온 책 중에 구본형 경영전문가가 쓴 《익숙한 것과의 결별》이란 제목의 책이 있다. 1997년에 우리나라에 IMF 외환 위기 사태가 터지자 온 국민이 나라가 곧 망할 것 같은 두려움에 휩싸였다. 그 사건 이후로 우리나라에 엄청난 변화의 소용돌이가 휘몰아쳤고, 그 과정에서 수많은 직장인과 젊은이들이 갈팡질팡하며 혼란에 빠졌다. 그런 와중에 이 책이 강하게 주장하는 것은 '변하지 않으면 안 된다. 진짜 변해야 한다. 변해도 제대로 변해야 한다'였다.

1998년에 나온 책인데 나는 지금도 이 책의 제목을 한번씩 되뇐다. 모든 사람이 익숙한 것을 좋아한다. 익숙함은 마음에 안정을 주기 때문이다. 그러나 왜 익숙한 것과 결별해야 하는가? 익숙함은 우리에게 안정감을 가져다주기도 하지만, 익숙함에 안주하는 순간 도태하기 때문이다. 권태감도 익숙함 때문에 오는 것 아닌가? 그래서 나는 지금도 이 책의 제목을 다짐하듯 되뇐다.

'익숙한 것과의 결별, 익숙한 것과의 결별.'

내가 종종 되뇌는 책 제목이 하나 더 있다. 예전에 베스트셀러였던 《누가 내 치즈를 옮겼을까?》이다. 거대한 치즈 창고의 치즈가 점점 줄어들다가 결국 모두 사라져버린 상황에 당황하지 않고 또다른 치즈 창고를 물색하고 찾아 나선 생쥐 두 마리와 그 현실을 받아들이지 못하고 부인했던 꼬마인간 두 명이 나오는 이야기다. 이 책의 메시지는 분명하다. 무궁무진한 치즈가 언젠가 다 없어져도 당황하지 않도록 변화하라는 것이다. 이것이 내가 '익숙한 것과의 결별'과 짝을 이루어 되뇌는 것이다.

하나님이 왜 "가라"라고 하시면서 아브라함이 가장 소중히 여기는 것들과의 결별을 먼저 말씀하셨는지 알겠는가? 더군다나 아브라함의 아버지 데라는 우상을 숭배하던 이교도였다.

> 여호수아가 모든 백성에게 이르되 이스라엘의 하나님 여호와께서 이같이 말씀하시기를 옛적에 너희의 조상들 곧 아브라함의 아버지, 나홀의 아버지 데라가 강 저쪽에 거주하여 다른 신들을 섬겼으나 내가 너희의 조상 아브라함을 강 저쪽에서 이끌어 내어 가나안 온 땅에 두루 행하게 하고 그의 씨를 번성하게 하려고 그에게 이삭을 주었으며
> 수 24:2,3

하나님께서는 이 명령을 오늘 우리에게도 주신다.

> 너희는 유혹의 욕심을 따라 썩어져 가는 구습을 따르는 옛 사람을 벗어버리고 엡 4:22

오래 익숙하고 내가 너무나 의지하는 것들뿐만 아니라 오래된

"유혹의 욕심을 따라 썩어져 가는 구습을 따르는 옛 사람을 벗어버리고" 하나님의 "가라"라는 말씀대로 가나안을 향해 달려가야 한다. 현재에 안주하면 안 된다. 우리가 안주하던 그곳, 옛사람의 습관을 끊어버리는 능력이 지금부터 나타나게 될 줄로 믿는다.

두 번째 명령 - 복이 될지라

아브라함을 향한 두 번째 명령은 "복이 될지라"이다. 이것이 권면이나 축복이 아니고 명령인 이유가 있다.

> 내가 너로 큰 민족을 이루고 네게 복을 주어 네 이름을 창대하게 하리니 너는 복이 될지라 **창 12:2**

이 말씀에 '복'이 두 번 나오는데, 우리는 여기서 복과 관련하여 절대 잊으면 안 되는 두 가지 포인트를 찾아내야 한다.

하나님은 우리에게 복 주기 원하신다

첫째로 복과 관련하여 반드시 기억해야 하는 것은, 하나님은 '우리에게 복 주기를 원하신다'는 것이다. 어려운 이야기인가? 이것은 연구해야 깨달아지는 게 아니다. 하나님은 우리에게 복 주기를 원하신다.

이것을 묵상하다 보니 창세기 11장에 나오는 바벨탑 쌓던 사람들이 너무 안타깝게 느껴졌다. 왜 안타까운가?

그 사람들이 그렇게 죽을 고생 하며 탑을 쌓았던 것은 자기 이름을 내기 위해서였다. 그런데 지금 하나님이 무슨 약속을 주시는가? "네게 복을 주어 네 이름을 창대하게 하리니…."

아니, 그렇게 자기 이름 내려고 아등바등 안 해도 창조주 하나님께서 이름을 창대하게 해주시겠다는 것이다. 바벨탑 쌓던 사람들의 어리석음이 무엇인가? 복 주기 원하시는 하나님은 배제하고 알량한 자기들의 좁은 생각으로 바벨탑을 세워나가는 게 애당초 말이 안 되는 일 아닌가?

오늘날도 바벨탑을 쌓는 사람이 한두 사람인가? 자기 이름을 내보겠다고 아등바등 애를 쓰면 그게 되던가? 그래서 생각을 복잡하게 하지 말라는 것이다. 왜 그렇게 탑을 쌓겠다고 애를 쓰는가? 하나님이 복 주신다는데 믿으면 되는 것 아닌가? 하나님은 우리 모두에게 복 주기를 원하신다. 믿는가? 이것은 굉장히 단순하지만 너무나 중요한 메시지다.

하나님이 우리를 부르실 때 착취하려고 부르시는 것이 아니다. 철없던 스물아홉 살 때 누나, 형의 도움 받아서 겨우 사업을 시작했는데, 이것을 다 내려놓고 한국에 가려니 사실 처음에 좀 두렵긴 했다. 이게 희생인 줄 알았다. 나름 각오하느라 몸살도 앓았는데, 어리석은 생각이다. 하나님은 착취하려고 부르시는 분이 아니다. 그렇게 하나님의 부름에 순종해서 한국에 돌아온 이후 30년이 넘도록 지금까지 내가 받은 복은 이루 말로 다 못 한다. 그때 내가 하나님께 불순종하고 한국으로 안 왔으면 어쩔 뻔했나? 하나님은 우리를 착취하려고 부르시는 분이 아니라 복 주시기 위해 부르신다는 것, 이 간단한 진리를 마음에서 믿음으로 받기를 바란다.

하나님은 우리가 복 끼치는 자가 되기 원하신다

둘째로 복과 관련해 우리가 기억해야 할 또 하나는, 하나님은 우리에게 복 주기를 원하실 뿐 아니라 '우리가 다른 사람에게 복을 끼치는 자가 되기를 원하신다'는 것이다.

창세기 12장 2절을 현대인의 성경으로 보면 이렇다.

"내가 너를 큰 민족의 조상이 되게 하고 너를 축복하여 내 이름을 크게 떨치게 하겠다. 너는 다른 사람에게 복을 끼치는 자가 될 것이다."

이는 하나님이 복을 어떤 민족에게 주신다는 것이 아니라 아브라함 개인에게 주신다는 것이다. 하나님은 아브라함에게 먼저 복을 주셔서 큰 민족의 조상이 되게 하시고 하나님의 이름을 떨치는 자가 되며 다른 사람에게 복을 끼치는 자가 될 것이라고 하셨다. '다른 사람에게 복을 끼치는 자'가 된다는 게 무엇을 의미하는지 3절에서 더 분명히 알 수 있다.

> 너를 축복하는 자에게는 내가 복을 내리고 너를 저주하는 자에게는 내가 저주하리니 땅의 모든 족속이 너로 말미암아 복을 얻을 것이라 하신지라 **창 12:3**

이 말씀을 정말 믿는다면 얼마나 신나는 일인가? 얼마나 살맛 나는 이야기인가? 내가 오늘을 살아가야 할 이유가 있다면, 내게 누군가에게 줄 것이 있기 때문이다. 나로 말미암아 모든 사람이 복을 받게 된다니, 나는 이 말씀을 붙들고 항상 기도한다.

"하나님, 저의 삶이 누군가에게는 선물 같은 존재가 되기를 원합니다."

두 가지 기도

구약학을 전공하신 장신대 하경택 교수님의 논문을 보면, "너로 말미암아"라는 말씀의 의미는 학자에 따라서 강조점이 조금씩 다른데, 두 가지로 정리할 수 있다.

첫째로 "너로 말미암아 복을 얻을 것이라"는 '땅의 모든 족속이 너를 통하여 복을 받을 것이다'라고 번역할 수 있는데, 따라서 여기 나오는 '너로 말미암아'는 축복의 중재자, 축복의 통로로서의 아브라함을 강조하는 것으로 번역할 수가 있다.

그런가 하면 둘째로 이 말씀은 '땅의 모든 족속이 너처럼 복을 받을 것이다'라고 해석할 수 있는데, 즉 여기에 나오는 '너로 말미암아'는 축복의 모범으로서 아브라함을 강조하는 것으로 번역할 수 있다.

이 말씀을 깨달으면서 가슴이 벅찼다. 그리고 마음이 너무너무 뜨거워졌다.

우리는 하나님께 복 주시기를 원한다고 당당하게 구해야 한다.

"하나님, 복 주시기 원합니다. 복 받기를 원합니다."

하지만 그것만 구하면 안 된다. "하나님, 제게 복 주시기 원합니다. 그 복을 누리기를 원합니다"라고 구함과 동시에 "하나님, 제가 다른 사람에게 그 복을 흘려보내는 자가 되기를 원합니다"라는 기도를 같이 드려야 한다.

헤롯 왕의 잔치와 오병이어의 축제

마가복음 6장에 보면 이 내용과 관련해서 두 가지 대조적인 사건이 나온다. 오병이어 사건과 그 앞에 기록된 헤롯 왕이 배설한 잔치 이야기다. 먼저 헤롯 왕 잔치의 특징을 살펴보자.

마침 기회가 좋은 날이 왔으니 곧 헤롯이 자기 생일에 대신들과 천부장들과 갈릴리의 귀인들로 더불어 잔치할새 헤로디아의 딸이 친히 들어와 춤을 추어 헤롯과 그와 함께 앉은 자들을 기쁘게 한지라 왕이 그

소녀에게 이르되 무엇이든지 네가 원하는 것을 내게 구하라 내가 주리
라 하고 **막 6:21,22**

헤롯이 배설한 잔치의 특징은 무엇인가? 헤롯과 자기 수하에 있
는 사람들이 기쁨을 누리기 위한 잔치다. 스스로 기쁨을 누리기 위
한 헤롯 왕 잔치의 비극이 무엇인가? 바로 자기만을 유익하게 하는
이기적인 생각으로 시작한 그 잔치가 가슴 아프게도 죄 없는 세례
요한이 참수를 당하는 비극의 열매를 낳게 된 것이다. 이 사건이 기
록되고 나서 바로 그다음 나오는 게 오병이어 사건이다.

예수께서 떡 다섯 개와 물고기 두 마리를 가지사 하늘을 우러러 축사
하시고 떡을 떼어 제자들에게 주어 사람들에게 나누어주게 하시고 또
물고기 두 마리도 모든 사람에게 나누시매 **막 6:41**

차이가 느껴지는가? 예수님은 예수 믿는 우리에게 먼저 떡을 떼어
주기를 원하신다. 오병이어의 축복을 세상 사람이 누리기 전에 우리
가 먼저 누리길 원하신다.

"떡을 떼어 제자들에게 주어."

그런데 중요한 것은 그 목적이다. 목적이 무엇인가?

"사람들에게 나누어주게 하시고 또 물고기 두 마리도 모든 사람
에게 나누시매."

이것이 헤롯 왕 잔치와 오병이어 사건이 결정적으로 다른 특징이다. 이 세상은 자기 혼자 오천 명분을 먹겠다는 탐욕에 찌든 사람이 득실거린다. 남의 불행이나 아픔이나 굶주림에는 관심이 없다.

'나 혼자 이 오천 명분 다 먹을 거야.'

그러다가 배탈 나서 문제가 생긴다.

오늘 이 세상은 나 혼자 오천 명분을 먹겠다고 탐욕에 찌들어 있는 시대인데, 헤롯 왕의 잔치처럼 나만의 유익을 위하여 아무 죄 없는 세례 요한을 참수시키는 악한 세상인데, 이런 세상에서 하나님의 백성인 우리는 오천 명을 먹이는 기적의 도구가 된다는 사실을 아는가?

최근에 내가 청소년 사역할 때 가르쳤던 제자가 결혼을 한다고 예비 신부를 데리고 인사를 왔다. 기도해달라는 제자에게 이런저런 덕담을 나누는데, 갑자기 다 낡아빠진 노트를 하나 꺼내는 게 아닌가? 그러면서 묻는다.

"목사님, 이게 뭔지 아세요?"

"뭔데?"

"중학교 때부터 목사님이 전하신 말씀을 받아 적은 노트예요."

그러면서 메모해놓은 것을 보여주면서 대화를 하는데 잊고 있었던 추억이 하나 떠올랐다. 그때 청소년 사역을 하면서 내가 많이 강조했던 게 "공부해서 남 주자. 돈 벌어서 남 주자. 은혜 받아 남 주자"였다. 설교 때도 자주 이야기하고 구호로도 외치게 했다. 그런데 그 제자가 그걸 기억하는 것이다.

"공부해서 남 주자. 돈 벌어서 남 주자. 은혜 받아 남 주자."

이것이 우리의 두 번째 사명이다. 이 사명을 위해 주님께 당당히 구하라.

"아버지, 복 받기를 원합니다. 주님, 제게 복 주시옵소서! 그 주신 복을 마음껏 누리고 은혜롭게 살기 원합니다. 그리고 그 주신 복을 흘려보내기를 원합니다. 하나님, 너무나 삭막한 이 시대에 선물과 같은 교회가 되기를 원합니다."

하나님이 복 주신 이유

사실 분당우리교회는 지난 20여 년 동안 하나님께서 주시는 복을 정말 많이 받았다. 가장 먼저 떠올릴 수 있는 복은 송림중고등학교이다. 우리가 지금 이 학교 강당을 20년째 쓰고 있다. 사람들이 가끔 이렇게 오래 학교 강당을 쓰고 있는데 학교와 문제는 없냐고 물어본다. 그러면 난 이렇게 대답한다.

"우리는 갈수록 사이가 더 좋아집니다."

다들 기적이라고 한다. 어떻게 그럴 수 있는지 아는가? 우리는 거래 관계가 아니기 때문이다. 송림중고등학교와 분당우리교회는 서로 신뢰하며 서로를 소중히 여기는 관계이다. 학교와 교회 사이에 모종의 거래가 있는 것 아니냐는 오해도 많이 받았지만, 그런 것은 전혀 없다.

이처럼 송림중고등학교는 온 정성을 다해 분당우리교회를 배려한다. 이것이 눈물 나게 고맙다. 더 이해하기 힘든 것은 우리가 학교 강당을 요청하기 전에 제법 큰 다른 교회에서도 강당을 빌려달라는 요청을 했었는데, 우리 교회에게 빌려주었다는 것이다. 그때 왜 그 교회의 제안을 거절하고 이제 막 개척한 우리 교회에게 빌려주었는지는 지금도 불가사의다. 하지만 나는 안다. 하나님이 복을 주신 것이다. 그 복을 흘려보내라고 말이다.

그래서 학교와 학교의 교직원들, 학생들을 위해 항상 기도한다. 그리고 인간적으로 고마워할 뿐 아니라 하나님이 주신 이 큰 복을 늘 기억하며 흘려보내기 위해 애쓴다.

분당우리교회가 '일만성도 파송운동'을 하면서 스물아홉 교회로 분립하는 과정에서도 이런 은혜가 너무나 뜨겁게 곳곳에서 일어나고 있다. 한꺼번에 스물아홉 교회가 예배드릴 장소를 찾다 보니 쉽지 않았다. 그런데 많은 곳에서 호의를 베풀어주었다. 기독교 대안학교에서 건물을 빌려주겠다고 제안해주기도 하고, 장애인학교에서 장소를 내어주겠다고 연락을 주고, 또 어떤 신학교는 학교 안에 이미 교회가 있는데도 캠퍼스가 크니 학교에 와서 예배를 드리라는 고마운 제안을 해주기도 했다. 이런 호의에 나는 감동했다.

하나님이 왜 이런 놀라운 일들을 행하시는가? 복 주시기 위해서다. 우리는 그 복을 누리면 된다. 단, 감사하면서 누려야 한다. 우리가 오천 명분 다 먹겠다고 탐욕에 찌든 것이 아니라 흘려보내면

된다. 개인적으로 스물아홉 교회가 정말 오천 명을 먹이는 교회가
되기를 간절히 바라며 기도하고 있다.

> 여호와가 너를 항상 인도하여 메마른 곳에서도 네 영혼을 만족하게 하
> 며 네 뼈를 견고하게 하리니 너는 물 댄 동산 같겠고 물이 끊어지지 아
> 니하는 샘 같을 것이라 사 58:11

하나님의 이 복을 누리기를 주님의 이름으로 바란다. 우리 인생이
물 댄 동산 같은 형통의 복을 누리게 되기를 바란다. 그런데 여기까
지만 읽으면 안 된다. 바로 다음 절을 꼭 기억해야 한다.

> 네게서 날 자들이 오래 황폐된 곳들을 다시 세울 것이며 너는 역대의
> 파괴된 기초를 쌓으리니 너를 일컬어 무너진 데를 보수하는 자라 할
> 것이며 길을 수축하여 거할 곳이 되게 하는 자라 하리라 사 58:12

모든 사람에게 복을 끼치는 자가 되라는 것이다. 우리가 다 복을
받아 누리기를 원한다. 그리고 받은 복을 흘려보내기를 원한다. 이
두 가지를 놓고 하나님께 기도하기 원한다. 그래서 이 땅의 예수 믿
는 성도들에게 복이 충만히 임하기를 바라고, 그 복이 흘러가 대한
민국을 살리는 역사가 일어나게 되기를 바란다.

창세기 12:1-5

1 여호와께서 아브람에게 이르시되 너는 너의 고향과 친척과 아버지의 집을 떠나 내가 네게 보여 줄 땅으로 가라 2 내가 너로 큰 민족을 이루고 네게 복을 주어 네 이름을 창대하게 하리니 너는 복이 될지라 3 너를 축복하는 자에게는 내가 복을 내리고 너를 저주하는 자에게는 내가 저주하리니 땅의 모든 족속이 너로 말미암아 복을 얻을 것이라 하신지라 4 이에 아브람이 여호와의 말씀을 따라갔고 롯도 그와 함께 갔으며 아브람이 하란을 떠날 때에 칠십오 세였더라 5 아브람이 그의 아내 사래와 조카 롯과 하란에서 모은 모든 소유와 얻은 사람들을 이끌고 가나안 땅으로 가려고 떠나서 마침내 가나안 땅에 들어 갔더라

3 chapter

하나님과 함께 만들어가는
스토리

권태감을 이기는 힘

어느 막국숫집 사장이 쓴 《작은 가게에서 진심을 배우다》(김윤정, 다산북스)란 책이 있다. 식당을 찾는 손님을 향한 식당 주인의 특별한 관심과 사랑이 너무나 인상적이고 독특해서 이 책을 읽는 내내 감동을 많이 받았다.

이 식당 주인은 어떻게 손님들에게 특별한 관심과 사랑을 갖게 됐을까? 책의 한 대목을 보면 그 이유를 알 수 있다.

"국숫집을 시작한 것은 생계 때문이었지만, 그러다 보니 손님이 오면 음식을 만들어서 내고 돈을 받는 일이 기계적으로 반복될 뿐이었습니다. 그런데 시간이 갈수록 국수 먹는 사람들이 눈에 들어오더군요."

이것은 국숫집뿐만 아니라 목회도 마찬가지다. 내가 해야 할 일이니까 의무적이고 기계적으로 설교 준비하고, 회의하고, 심방 가고, 상담하는 일들이 그저 매일 반복되는 일상이 돼버리면 반드시 권태감이 찾아온다.

교회 개척 초기에는 사람들이 모여들기 시작하니까 그것만으로도 굉장한 에너지가 되었다. "목사님 설교가 은혜가 됩니다. 말씀이 좋아요"라는 이야기를 듣는 것도 나에게 에너지가 되었다. '더 열심히 준비해야겠다'는 생각이 들었다. 하지만 과자 한 봉지 먹을 때와 두 봉지 먹을 때 맛이 다르다고 하지 않는가? 어느 순간부터는 그런 말이 더 이상 내게 에너지가 되지 않았다.

나는 식당 주인의 마음이 너무 잘 이해가 된다. 손님 오면 음식 만들어 내가고, 나가면 돈 받고. 이게 반복되니 시간이 갈수록 당연히 권태감이 찾아올 수밖에 없다. 사람이 계속 모여들고, 칭찬 받고, 돈이 모이고, 하는 일이 계속 잘되면 그것이 더는 에너지가 되지 않는다.

그래서 식당이 잘되면 주인이 가게 나오는 시간이 점점 줄어들고 골프 치러 다니는 경우도 많다고 들었다. 권태감으로 인한 주인의 무관심은 손님들에 대한 불친절로 이어지고 맛도 없어지니 손님이 떨어지는 게 거의 정설인데, 이 식당 주인은 너무나 지혜롭게 그 권태로움을 이겨낸다. 그렇게 돈 버는 데 권태감이 올 때 사람에게 주목하기 시작했다는 것이다.

그래서 손님이 올 때마다 한 사람 한 사람에게 관심을 가지고 '어떻게 하면 저 분에게 기쁨을 줄 수 있을까'로 생각을 전환했더니 그것이 새로운 활력을 가져다주더라는 것이다.

나는 우리 교회 교역자들에게 이 책을 소개하면서 목회도 똑같다며, 그 식당 주인이 너무나 지혜로운 것이 자기가 파는 막국수 한 그릇에 스토리를 입혔다고 이야기했다. 이것이 굉장히 중요한 핵심이다. 만 원 안팎의 별 의미 없어 보이는 막국수이지만, 거기에 스토리를 입히니까 돈으로 계산되지 않는 엄청난 가치가 만들어지는 것이다.

스토리의 힘

내가 이 책을 읽고 감동을 받아서 어느 공휴일에 아내와 함께 이 식당을 찾아갔다. 그런데 휴일이다 보니 식당 입구부터 엄청나게 막히는 게 아닌가. 못 먹을지도 모르겠다는 불길한 생각이 들었는데, 아니나 다를까 오후 1시 조금 넘은 시간이었는데 대기 손님이 200명이었다. 두 시간을 기다려야 한다기에 망설이지 않고 돌아왔다. 그만큼 막국수를 사랑하진 않았다.

내가 하고 싶은 얘기는 지금부터다. 모처럼 휴일에 아내와 막국수를 먹으러 갔다가 허비한 시간이 얼마인가? 가는 데 길 막히고, 돌아오는 데 시간 쓰고, 먹고 싶었던 음식은 먹지도 못하고 아무 데나 들어가 늦은 점심을 해결해야 했는데 아내와 내 기분이 상했을까? 그렇지 않다. 그 식당 주인이 막국수에 스토리를 입혀놓으니까 그 시간이 기분 나쁘지 않았다.

"괜히 쓸데없는 데 시간 낭비했네" 하며 억울한 것이 아니라 오고 가는 시간이, 먹지 못해 아쉬워하는 시간이 즐거웠다. 차 안에서 아내와 함께 깔깔거리며 "헛고생했네" 농담도 하면서 말이다. 막국수 한 그릇에 스토리를 입히자 먹으러 갔다가 못 먹고 돌아오는 사람조차도 마음에 의미가 부여되고 기쁨이 생기고 그 식당에 대한 호기심이 커졌다. 이것이 스토리가 가져다주는 힘이다.

신앙생활을 하는 데 있어서 처음 주님을 만나고 처음 신앙생활을 할 때는 모든 게 생소하고 낯설어서 다 행복하다. 결혼하고 신혼이 왜 즐거운가? 낯설기 때문이다. 사랑하는 아내와 함께 가정을 꾸려 나가는 모든 것이 낯설기 때문이다.

그래서 나는 초신자들이 부럽다. 나처럼 평생 예수 믿고 오래 교회 다니면 모든 게 권태롭다. 처음 신학교에 가고 교육전도사였을 때는 설교도 행복하고, 말씀 전하는 것, 전도하는 것, 청년들 상담하는 것도 너무너무 행복했는데, 목회한 지 30년이 넘어가니까 모든 게 다 너무 익숙해서 권태롭다. 설교 준비도, 말씀 전하는 것도 싫증이 나기가 쉽다. 그래서 내가 안간힘을 쓰는 게 매주 설교를 준비하는 과정에 하나님과 나만의 스토리를 입히는 것이다. 지난주와는 또 다른 하나님과의 스토리를 쌓아가기 위해 정말 많이 노력한다.

그래서 내 인생에서 가장 행복할 때가 새벽 시간이다. 그 시간이 나는 너무너무 행복하다. 설교 준비 자체가 행복하다기보다는 하나님과 나만의 스토리를 쌓는, 누구도 방해하지 못하는 시간이기 때문이다.

당신은 하나님과의 스토리를 만들어가고 있는가? 하나님과의 스토리가 만들어지지 않는 신앙생활은 얼마 지나지 않아서 권태가 온다. 사탄은 찬스의 귀재 아닌가. 바로 그 빈틈을 타고 들어와서 우리를 공격할 것이다.

스토리가 있으면 작품이 된다

예전에 읽었던 책 중에 《스토리가 스펙을 이긴다》라는 제목의 책이 있다. 이 책의 부제가 "최고가 아니라, 유일함으로 승부하라!"이다. 스토리와 스펙, 최고와 유일함. 이것이 무엇을 말하는가? 여기서 말하는 스펙과 최고는 경쟁에서 이기고 1등을 추구하는 몸부림을 뜻한다. 경쟁에서 1등 하려면 스펙을 쌓으라는 충고가 만연한 이 땅에서 스펙보다 중요한 것은 너만의 독특한 스토리를 만드는 것이라고 충고하는 게 이 책이다.

이 책의 저자 소개가 특히 감동적이다. 책에는 저자소개가 이렇게 되어 있었다.

"비교를 멈추자 구별되기 시작했고, 최고를 포기하자 유일의 길이 열렸고, 상품임을 포기하자 작품으로 변해갔고, 경쟁을 피하자 진정한 승리를 맛보았고, 업(業)에 주목하자 직(職)이 손 내밀고, 그리고 마침내 기회가 찾아왔다는 사람."

비교를 멈추자 구별되기 시작했다고 한다. 비교하기 때문에 스펙에 매달린다. 내 스펙이 저 사람의 스펙보다 좋아야 하기 때문이다. 그러나 스토리에는 더 아름다운 스토리도 없고 더 추한 스토리도 없다. 나만의 독특한 것이다. 비교를 멈추자 이 차이가 들어오기 시작했다는 것이다.

내가 새벽에 일어나 하나님과 스토리를 쌓는 것을 좋아하는 것은, 그 시간에 이뤄지는 작업들이 노벨문학상감이어서가 아니라 하나님과 나만이 쌓는 독특함이기 때문이다. 최고를 포기하자 유일의 길이 열렸다는 게 바로 이 말이다. 1등을 해야 한다고 믿으며 최고를 추구할 때는 느끼지 못했던 유일한 나만의 길이 보이는 것이다.

그다음에 나오는 말이 또 아름답다.

"상품임을 포기하자 작품으로 변해갔고."

오늘날 사탄이 우리에게 노리는 목표는 딱 하나이다. 우리를 상품으로 전락시키는 것이다. 그래서 계속 값을 매기지 않는가? 싸구려 인생이라고.

하지만 작품은 가격을 매길 수 없다. 고유의 독특성이 있기 때문이다. 사탄의 술수에 놀아나면 안 된다. 우리는 상품이 아니다. 막국수 한 그릇에도 의미를 부여하고 스토리를 쌓으니까 하나의 작품이 되는데, 어떻게 하나님의 형상을 담은 우리가 싸구려 상품이 되는 것을 방치할 수가 있는가.

"경쟁을 피하자 진정한 승리를 맛보게 되었고, 그리고 마침내 기회가 찾아왔다는 사람."

이 책의 저자 소개지만 이 글이 우리의 소개가 되기를 바란다. 어떤 직종에서 무엇을 하고 사느냐가 중요한 게 아니다.

이런 점에서 우리는 하나님 앞에서 스토리를 만들어가는 신앙생활을 해야 한다. 하나님과 내가 쌓아가는 스토리는 끝이 없다. 정말 신기하다. 새벽마다 어떻게 그렇게 다양한 스토리로 나를 인도해가시는지, 내가 매일 새벽마다 행복한 이유다.

"작은 광주리의 모세를 알죠"라는 가사로 시작하는 어린이 찬양이 있다. 초등학교 때 여름성경학교에서 배운 찬양으로 기억하는데, 지금도 가끔 흥얼거린다. 지칠 때면 한 번씩 끝까지 기억도 안 나는 가사를 더듬어가며 이 찬양을 부른다. 가사도 못 외우는데 왜 흥얼거리는지 아는가?

작은 광주리의 모세, 어두운 구덩이의 예레미야, 큰 물고기 속의 요나, 방주 속에 있던 노아 가족, 크고 장사였던 삼손, 기도할 줄 알던 엘리야 선지 등 찬양에 나오는 믿음의 인물 한 명 한 명은 누구와의 경쟁도 없고 누가 더 훌륭하고 덜 훌륭하다는 비교도 없이 딱 한 마디로 특징지어지는 하나님과 자기만의 독특한 스토리가 있다. 그 스토리 때문에 모든 인물이 너무 아름다운 것이다.

하나님과 함께하는 신앙생활은 지루할 수가 없는 스토리를 만드는 것이다. 이런 관점으로 창세기 12장 1-5절 말씀을 다시 보자.

사랑하는 이와 함께하면 폭우도 추억이 된다

여호와께서 아브람에게 이르시되 너는 너의 고향과 친척과 아버지의
집을 떠나 내가 네게 보여줄 땅으로 가라 … 이에 아브람이 여호와의
말씀을 따라갔고 롯도 그와 함께 갔으며 아브람이 하란을 떠날 때에
칠십오 세였더라 창 12:1,4

4절에 나오는 '이에'라는 접속사의 의미가 무엇인지 아는가? 이것
은 하나님이 1절에서 툭 던지신 '우리 같이 스토리 좀 만들어볼래?'
라는 제안에 대한 아브라함의 반응이다. 하나님의 말씀에 '이에'라
는 아브라함의 반응이 있었던 그 순간부터 하나님과의 스토리가
만들어지기 시작한 것이다.

하나님은 미국에서 이민 생활하던 나에게 '한국에 가서 청소년을
도와줘!'라고 강요하지 않으셨다. '목사가 되어 많은 사람을 돕는
일을 나와 손잡고 하지 않을래?'라고 하셨을 때 내가 '이에'로 반응
하여 귀국한 것이다. 그때부터 하나님과의 스토리가 본격적으로 쌓
여가는데, 그 즐거움이 이루 말로 다 할 수 없는 인생길이었다.

그런데 아브라함의 여정을 계속해서 살펴보면 알겠지만, '이에'
로 반응한 순간부터 '고생 끝, 행복 시작'은 아니었다. 기근도 오

고, 아내를 누이라고 속였다가 망신도 당하고, 인생에 희로애락이 그대로 있다. 하지만 그 모든 길이 하나님과의 스토리가 쌓이는 길이다.

어릴 때 소풍 갔던 기억이 아직도 늘 생생하다. 김 빠진 사이다, 겨우 단무지와 김치만 썰어 넣은 투박한 김밥을 싸서 간 소풍이지만, 또 어떤 날은 갑작스러운 폭우로 옷이 홀딱 젖어 비명을 지르며 나무 그늘로 찾아들던 모든 것이 내 인생에 너무나 아름다운 추억이 되었다. 왜 그런가? 김밥이나 사이다가 맛있어서가 아니라 친구들과 함께했기 때문이다. 혼자 들판에 나갔다가 폭우를 만나면 그건 하나도 재미없는 사건이다. 하지만 '꺅' 비명을 지르며 친구와 손잡고 나무 그늘을 찾으러 뛰어다니면 그 모든 게 다 추억이 된다. 사랑하는 사람과 함께하는 모든 것은 다 추억이다.

예수를 믿으니 복 달라고, 이제 편안한 길만 가게 해달라고, 실패가 없게 해달라고 구하는 것은 뭘 모르는 것이다. 하나님과 폭우도 만나보고, 웅덩이에 빠져보기도 하고, 어떻게 건져주시는지도 경험해보는 이 모든 게 다 스토리다.

오늘부터라도 우리는 스펙 쌓는 신앙생활이 아닌 하나님과 스토리를 만들어가는 신앙생활을 해나가면 좋겠다. 그러기 위해선 하나님과 만들어가는 스토리에 세 가지 특징이 있다는 것을 기억해야 한다.

스토리의 주도자는 하나님

첫째로, 하나님과 만들어가는 '스토리의 주도자는 하나님'이시다. 하나님과 함께 스토리를 만들기 전에는 내가 주도자였는데, 하나님과 함께 만들어가기 시작하면 그 스토리의 주도자는 하나님이시다.

본문 1절도 하나님이 주도하신다. 아무 준비가 안 되어 있는 아브라함에게 하나님이 "너는 너의 고향과 친척과 아버지의 집을 떠나 내가 네게 보여줄 땅으로 가라"라고 하셨다.

2,3절도 마찬가지다. 그런데 이 부분을 원어로 보면 우리말 성경으로 옮기는 과정에서 빠진 것이 있다. 그 부분을 넣어서 다시 읽어 보면 이렇다.

"내가 너로 큰 민족을 이루고 (내가) 네게 복을 주어 (내가) 네 이름을 창대하게 하리니 너는 복이 될지라 너를 축복하는 자에게는 내가 복을 내리고 너를 저주하는 자에게는 내가 저주하리니 땅의 모든 족속이 너로 말미암아 복을 얻을 것이라 하신지라."

'내가'라는 말이 빠져 있는 곳이 있다. 너무 많이 나와서 생략한 것 같은데, 그만큼 성경은 여기서 '내가', 즉 하나님을 강조하고 있다. 하나님이 아브라함과 스토리를 만들어가기로 작정하시는 표현인 것이다.

창세기 12장 전체의 주제는 "복이 될지라"이다. 그리고 12장 중에서도 특히 1-5절까지 말씀에서 주제어는 '내가'이다. 많은 사람들이 이 부분의 주제어로 '가라'가 아니냐고 오해하지만, 아니다. 여기서 가장 강조되고 있는 것은 스토리를 주도하시는 하나님을 나타내는 '내가'이다.

하나님이 주도하시기에 몰라도 갈 수 있다

많은 사람이 1절에서 "내가 네게 보여줄 땅으로 가라"라는 부분을 어려워한다. 보여준 땅이 아니라 보여줄 땅으로 가라는 게 받아들이기 힘든 것이다. 하지만 떠나기도 전에 다 보여주면 무슨 재미가 있겠는가?

우리 막내아이가 초등학교 3학년 무렵이었을 때 함께 극장에 갔다가 엄청 난감했던 적이 있다. 어떤 만화영화를 보러 갔는데, 막내아이가 이미 본 것이었다. 아이들은 재미있으면 두 번, 세 번도 보겠다고 하니까 함께 보러 갔는데, 옆에 앉아서 앞으로 전개될 내용을 5초 전에 자꾸 먼저 말하는 것이다.

"아빠, 저기서 넘어진다! 저기서 죽는다."

말하지 말라고 해도 계속 이야기하는 게 아닌가. 결정적인 순간마다 이렇게 먼저 결과를 말해버리니 영화에 집중이 되지 않았다.

하나님께서 우리 앞길을 미리 말씀해주시지 않는 것에 대해 너무 힘들어하지 말자. 하나님께서 아무것도 알려주지 않으신 채 무작정 "네게 보여줄 땅으로 가라"라고 하시는 걸 너무 힘들어하지 말자. 어디로 갈지도 모르는 미지의 세계로 무얼 믿고 가느냐는 불평은 뭘 모르고 하는 소리다. 하나님이 보여줄 땅을 미리 안 알려주셨기 때문에 그 과정이 아름다운 스토리가 되는 것이다. 고비마다, 순간마다 하나님이 어떻게 인도해주시는지가 우리에게 너무나 아름다운 추억이자 스토리로 남는다.

북극성 되신 하나님을 따라가라

인터넷에서 우연히 본 글 하나가 계속 내 머리에 맴돌았다. 아프리카 대륙 북부에 있는 사하라 사막에서 있었던 일이라고 한다. 사막 한가운데 '비셀'이라는 작은 마을이 있었다. 거기서 사막을 가로질러 빠져나가려면 3,4일 정도가 걸리는데, 불행하게도 그 마을 사람들은 사막을 떠나본 적이 없었다. 벗어나려고 여러 번 시도했지만, 어느 방향으로 가든 결국 제자리로 돌아오는 일이 계속 일어났다고 한다.

그러던 중에 영국 사람 켄 레먼이 그 마을을 찾았다. 사람들이 마을을 벗어나려고 애를 썼지만 계속 제자리로 돌아온다는 이야기를 듣고 이상하다 싶어서 원인을 찾아보기로 했다. 그는 청년 한 사람을 고용해서 사막을 건너게 하고는 그 과정을 지켜보았다.

이 청년은 열흘 동안 사막을 헤매다가 결국 다시 원점으로 돌아왔는데, 켄 레먼은 그 과정에서 사람들이 이런 어리석은 반복을 계속하는 이유를 찾게 되었다. 그 원주민들이 사막을 벗어나지 못한 결정적인 이유는 북극성의 존재를 몰랐기 때문이었다. 북극성은 길

잃은 나그네들에게 나침반 역할을 해주는 존재 아닌가.

켄 레먼은 그 청년에게 사막을 빠져나가는 방법을 알려주었다.

"낮에는 충분히 휴식을 취하면서 자라. 체력을 아껴라. 그리고 밤이 되면 북극성을 따라가면 된다."

나는 이 글을 읽는 청년들에게도 같은 조언을 하고 싶다. 낮에는 무엇이든지 잘 보이는 것 같고, 무엇이든 선명해 보이지만 진짜 결정적인 것은 밤에 보인다. 내 방향을 결정하는 별은 낮에는 안 보인다.

우리 인생이 왜 이렇게 힘든가? 뭔가 열심히 하는 것 같은데, 늘 제자리다. 그런 청년들에게 상징적으로 하고 싶은 이야기가 이것이다.

"낮에는 쉬어라. 쉬면서 체력을 보충하라. 그리고 가장 결정적인 순간, 북극성이 보이는 밤이 되면 북극성을 따라가면 된다."

상징으로 전하는 이 말을 곧이곧대로 받아서 진짜 낮에 잠만 자면 안 된다. 아브라함이 하나님과 스토리를 써 내려가면서 발견했던 가장 중요한 진리가 북극성 되신 하나님을 알게 된 것 아닌가.

모세가 백성에게 이르되 너희는 두려워하지 말고 가만히 서서 여호와께서 오늘 너희를 위하여 행하시는 구원을 보라 너희가 오늘 본 애굽 사람을 영원히 다시 보지 아니하리라 여호와께서 너희를 위하여 싸우시리니 너희는 가만히 있을지니라 출 14:13,14

"너희는 가만히 있을지니라"라는 말씀이 그냥 놀고먹으라는 뜻이 아니다. 북극성이 보이기 전에는 나서지 말라는 뜻이다. 북극성 되시는 하나님이 이끄신다. 그때 그 하나님을 따라가라. 이 스토리의 주도자는 하나님이심을 꼭 기억하자!

하나님은 하나님의 말씀을 도구로 쓰신다

둘째로, 하나님과 만들어가는 스토리에는 도구가 있는데, 그 '도구는 하나님의 말씀'이다.

나는 본문을 보다가 흥미로운 표현 하나를 발견했는데, 4절을 다시 보자.

"이에 아브람이 여호와의 말씀을 따라갔고 롯도 그와 함께 갔으며 아브람이 하란을 떠날 때에 칠십오 세였더라."

무엇이 흥미로운가? '여호와를 따라갔고'가 아니라 "여호와의 말씀을 따라갔고"이다. 이 차이를 알겠는가? 사실 같은 뜻이다. 그런데 왜 아브라함이 '여호와를 따라갔다'고 하지 않고 '여호와의 말씀을 따라갔다'고 했을까? 하나님이 이 스토리의 주도자가 되시는데, 주도자 되시는 하나님께서 그분의 말씀을 도구로 쓰시기 때문이다.

같은 맥락의 말씀이 구약에 여러 군데 나온다.

> 내가 하나님을 의지하여 그의 말씀을 찬송하며 여호와를 의지하여 그의 말씀을 찬송하리이다 시 56:10

> 네 하나님 여호와를 사랑하고 그의 말씀을 청종하며 또 그를 의지하라
>
> 신 30:20

하나님을 의지한다는 것은 말씀에 귀를 기울인다는 뜻이다. 하나님을 사랑하는가? 그렇다면 말씀을 사랑해야 한다. 하나님을 의지하는가? 그렇다면 말씀을 의지해야 한다.

오늘날 한국교회의 위기는 사람이 안 모이는 게 문제가 아니라 말씀을 모른다는 데 있다. 하나님의 말씀이 도구인데, 그 도구를 잃어버렸기 때문에 위기를 맞은 것이다.

기독교 철학자 프란시스 쉐퍼가 쓴 책 중에 《거기 계시며 말씀하시는 하나님》(He Is There and He Is Not Silent)이라는 책이 있는데, 지금은 절판이 되어서 구할 수가 없다. 그러나 나는 이 책의 제목을 강조하고 싶다.

"거기 계시며 말씀하시는 하나님."

지난여름, 나는 '일만성도 파송운동'을 준비하면서 정말 두렵고 혼미한 시간을 보냈다. 어금니 하나가 빠질 정도로 큰 두려움에 빠져 있었다.

'일만성도 파송운동이 잘 안되면 어떡하나? 성도들을 괴롭히는 결과가 되면 어떡하나?'

그런 두려움에 빠져 있을 때 하나님이 말씀을 통해서 주신 깨달음이 있었다. 책 제목 그대로 '거기 계시며 말씀하시는 하나님'이시

다. 억장이 무너지고 앞이 캄캄하고 이제는 뚫고 갈 힘도 없고 되돌아가기에는 너무 멀리 와버린 절망적인 상황을 하나님은 새벽마다 들려주시는 말씀과 위로와 격려로 너무나 멋진 스토리로 만들어주셨다. 내 생애에 정말 잊히지 않는 아름다운 추억의 장이 그 여름 만들어졌다. 이 모든 걸 이끌어가신 것이 '말씀'이었다.

하나님은 말씀으로 우리를 인도하신다는 것, 하나님의 도구가 말씀이라는 것을 꼭 기억하기 바란다.

하나님은 스토리를 '마침내' 완성하신다

셋째로, 하나님과 만들어가는 스토리의 특징은 '그 결말을 하나님이 마침내 완성케 하신다'는 것이다.

나는 5절 말씀에 너무 감동했다.

"아브람이 그의 아내 사래와 조카 롯과 하란에서 모은 모든 소유와 얻은 사람들을 이끌고 가나안 땅으로 가려고 떠나서 마침내 가나안 땅에 들어갔더라."

'마침내'라는 이 짧은 한마디 안에 너무나 많은 스토리가 농축돼 있다. 믿음이 있는 것 같은데 믿음이 없는 아브라함, 순종을 잘하는 것 같은데 순종하지 않는 아브라함, 하나님의 말씀만 바라보고 가는 것 같은데 자기 생각으로 뭉쳐 있는 아브라함. "마침내 가나안 땅에 들어갔더라"라는 이 짧은 구절 안에는 아브라함의 모든 미숙함을 오래 참아주시며 결국 '마침내' 결말을 이루시는 하나님의 마음이 그대로 다 녹아 있다.

"인생은 미완성 쓰다가 마는 편지"로 시작하는 노래가 있다. 청년들은 잘 모를 텐데, 옛날에 굉장히 히트한 노래다. 내가 '마침내'라는 말씀을 묵상하다가 이 노래의 가사가 떠오르면서 너무 은혜가 되었다.

〈인생은 미완성〉이라는 노래의 제목처럼 우리의 인생은 미완성이다. 죄성으로 가득한 우리는 우리 인생을 완성할 수 없다. 노래 가사에 나오듯이 쓰다가 마는 편지 같고, 부르다 멎은 노래 같고, 그리다 만 그림 같은 게 우리 인생이다. 가슴 아픈 미완성 인생이지만, 스토리를 주관하시는 하나님의 '마침내'를 관통해서 보면 이 노랫말의 엑센트가 달라진다.

이 노랫말의 무게 중심을 앞에다 두고 읽으면 모든 것이 다 부족하고 미완성으로 끝나버리는 초라한 인생으로 느껴지는데, 이 노랫말의 무게 중심을 뒤쪽에다 두고 읽으니 자기 인생을 책임지고 싶어 하는 비장함이 감동으로 다가온다. 하나님께서 원하시는 것이 이런 것 아닐까?

비록 내 인생이 부족해서 쓰다가 마는 편지 같지만 '그래도 우리는 곱게 써가야' 한다. 비록 내 인생이 부족해서 부르다 멎는 노래

처럼 초라하지만 '그래도 우리는 아름답게 불러야' 한다. '마침내'
완성하시는 하나님이 우리에게 용기를 주시기 때문이다.

오늘부터 하나님과 스토리를 만들어가고 싶지 않은가? 세 가지
를 기억하라. 그 스토리의 주도자는 하나님이시다. 그리고 그 스토
리의 도구는 말씀이다. 그리고 마침내 완성케 하시는 하나님이 우
리의 스토리를 완결하신다. 이것이 우리 이야기의 결말이다.

말씀을 묵상하며 오래전에 돌아가신 아버지 생각이 나서 마음이
울컥했다. 우리 아버지는 인간적으로 말하면 순수했고, 세상적으로
말하면 그리다 만 그림 같은 인생을 사신 분이다. 목사로서 교회를
불같이 일으키고 싶어서 40일 금식기도를 하셨는데, 금식기도를 마
치고 그날부터 교회가 부흥하기 시작했다면 인간적으로 완성된 그
림처럼 보였을지 모른다.

하지만 아버지는 금식기도 하시다가 돌아가셨다.

인간적으로, 세상적으로 아버지가 금식기도 하시다가 돌아가시
던 그 순간은 그리다 만 그림 같고, 부르다 멈춘 노래 같고, 쓰다가
만 편지 같았다. 하지만 놀랍게도 영혼과 영혼을 이으시는 창조주
하나님의 시각으로 아버지의 그림이 나에게 전수됐기 때문에 중간
에 애써야 하는 것들은 다 생략하고 바로 뛰어들 수 있었던 나는 그
림 그리기가 너무 좋았다.

나이는 들어가고 몸의 힘은 빠져 가고, 내 인생은 그리다 만 그림
같이 초라하게 느껴지겠지만 절대 그렇지 않다. 영혼과 영혼에 계시

는 하나님의 시각으로 그리다 만 것 같은 그림도 폐기하지 않으시고 나머지 그림을 이어서 그려가게 하시기 때문에 우리가 하나님 앞에서 했던 작은 몸짓 하나, 하나님 앞에서 흘린 눈물방울 하나 헛되이 끝나는 게 없다는 것을 기억하길 바란다. 하나님은 '마침내' 스토리의 결론을 내시는 분이시다!

창세기 12:6-9

6 아브람이 그 땅을 지나 세겜 땅 모레 상수리나무에 이르니 그 때에 가나안 사람이 그 땅에 거주하였더라 7 여호와께서 아브람에게 나타나 이르시되 내가 이 땅을 네 자손에게 주리라 하신지라 자기에게 나타나신 여호와께 그가 그곳에서 제단을 쌓고 8 거기서 벧엘 동쪽 산으로 옮겨 장막을 치니 서쪽은 벧엘이요 동쪽은 아이라 그가 그곳에서 여호와께 제단을 쌓고 여호와의 이름을 부르더니 9 점점 남방으로 옮겨갔더라

4 chapter

꿈꾸게 하시는
하나님 때문에

꿈을 받았는데, 불쌍한 아브라함

하나님이 주신 꿈과 비전으로 무장되었다고 하면 보통 굉장히 가슴이 뜨거워지고 열정적이고 무한대로 달려가는 모습을 생각하지만, 그것만이 다가 아니다. 하나님이 꿈을 주시고 사명을 주시는 순간 그때부터 꿈 없는 사람은 생각도 못 하는 많은 연단과 고난이 찾아오고 당황스러운 일을 만나는 등 꿈꾸지 않았다면 겪지 않을 어려운 일들을 많이 겪는다.

　나는 종종 후배 교역자들에게 이런 이야기를 한다. 만약 하나님이 내가 한국으로 돌아오던 스물아홉 살 때로 시간을 되돌려서 "너 한국에 가서 목회했던 삶 그대로 다시 살기를 원하느냐? 아니면 새롭게 다시 살아보겠느냐?"라고 물으신다면 나는 망설이지 않고

"내가 걸어왔던 그 길을 다시 가기를 원합니다"라고 대답하겠다고 말이다.

물론 기독교에서는 '죽었다 다시 태어나면'이라는 가정이 통하지 않지만, 만약에 그런 일이 있다면 나는 죽었다 다시 태어나도 신학교에 갈 것이고, 목사가 될 것이고, 분당우리교회 같은 아름다운 교회를 개척할 것 같다.

그런데 이율배반적인 것이, 만약에 내 아들이 내가 걸어갔던 그 길을 그대로 따라가고 싶다고 하면 마음이 꽝장히 아플 것 같다. 물론 본인이 원해서 목사가 된다면 우리 아버지에서 나를 거쳐 아들에 이르기까지 3대째 목사가 되는 것이니 이보다 더 영광이 없겠지만, 마음은 아플 것 같다. 어떤 마음인지 알겠는가?

지나온 시간을 되돌아보면 하나님의 은혜를 누리며 여기까지 왔지만, 인간적으로는 너무나 힘들었던 시간이었다. 지난 20여 년 동안 물밑에서 너무나 많은 일들이 있었기 때문이다. 당황스러운 일, 억장이 무너지는 일, 상상을 초월할 정도로 두려운 일들이 많았다. 그래도 이런 힘든 과정을 통해 아내와 자녀들에게 긍휼히 여김을 받는 특혜도 누렸다.

"우리 아빠 불쌍해."

정 많은 우리 큰딸이 자주 하는 말이다.

본문의 아브라함을 보면서 이 생각이 떠올랐다.

'불쌍한 아브라함.'

이게 무슨 말인가? 앞에서 우리는 창세기 12장 5절 말씀에 너무 감동하지 않았는가? 마침내 이루어주시는 하나님, 마침내 가나안 땅으로 인도해주시는 하나님! 이것이 우리에게 얼마나 큰 힘과 위로가 되었는가?

그런데 이제 분위기가 조금 달라진다. 아브라함은 벅찬 감격으로 약속을 이루어주시는 하나님을 기대하며 가나안으로 들어갔을 것이다. 큰 기대감을 안고 가나안에 들어갔을 아브라함 앞에 너무나 난감하고 당황스러운 일이 기다리고 있었다. 아브라함이 왜 그렇게 당황할 수밖에 없었는가?

좋지 않은 환경

가나안에 들어간 아브라함이 당황했던 두 가지 이유가 있었는데, 첫째는 '좋지 않은 환경'이다.

아브람이 그 땅을 지나 세겜 땅 모레 상수리나무에 이르니 그 때에 가나안 사람이 그 땅에 거주하였더라 창 12:6

여기서 '모레 상수리나무'에서 '모레'는 히브리어로 '선생'이란 뜻이다. 백석대 송병현 교수가 쓴 주석을 보면, 아마도 상수리나무 아래에서 '선생'으로 표현되는 신들을 대언하는 악한 선지자들이 활동하고 있었음을 이 표현으로 암시한 것이 아닐까 해석했다.

상수리나무는 키가 엄청 크고 무성한 나무다. 그래서 당시 가나안 사람들은 하늘을 찌를 듯이 높은 나무를 보면서 이것이 하늘과 땅을 연결하는 상징적인 나무라고 생각했다. 그래서 거기에다 제단을 세우고 우상을 숭배하던 장소로 사용했다는 것이다.

정말 난감한 상황 아닌가? 그 시절에 지금처럼 자동차가 있었던 것도 아니고 고속도로가 있었던 것도 아닌데, 그저 하나님이 주신 말씀 하나 붙들고 꿈에도 그리던 약속의 땅으로 걸어서 걸어서 간 아브라함이 가장 먼저 맞닥뜨린 것이 모레 상수리나무, 다시 말해 우상숭배의 현장이었다.

이것은 호세아서를 봐도 알 수 있다.

산꼭대기에서 희생제물을 잡아서 바친다. 언덕 위에서 분향한다. 참나무와 버드나무와 상수리나무의 그늘이 좋다고, 거기에서도 제물을 잡아서 불살라 바친다. 너희의 딸들이 음행을 하고, 너희의 며느리들이 간음을 한다. 호 4:13, 새번역

이런 악한 도구로 쓰이던 것이 당시의 상수리나무다. 그러니까 아브라함이 큰 기대감을 가지고 하나님의 말씀을 붙들고 약속의 땅이라는 곳에 갔더니 거기는 이방 신전이 있고 우상숭배가 만연한 곳이었다. 그것을 보고 무슨 생각이 들었겠는가?

'내가 있던 갈대아 우르하고 다른 게 하나도 없네. 이곳이 왜 약

속의 땅이지?'

난폭한 거주민

그런가 하면 아브라함이 가나안 땅에 진입한 이후로 큰 기대를
했다가 실망에 빠질 수밖에 없었던 두 번째 이유는, 그곳은 '난폭한
가나안 사람들이 거주하고 있었던 땅'이더란 것이다.

6절의 후반부를 다시 보자.

"그때에 가나안 사람이 그 땅에 거주하였더라."

하나님이 주시겠다고 약속한 땅에 갔더니 이미 다른 족속들이 그
땅을 차지하고 있었다. 더군다나 그 땅을 차지하고 있는 가나안
사람들은 창세기 전반에 걸쳐서 대적자들이다.

한마디로 상수리나무 아래에서 우상숭배가 만연한 좋지 않은 환
경이고, 그 땅을 먼저 차지하고 있던 사람들은 대하기도 끔찍한 족
속들이었다. 나중에 "우리는 스스로 보기에도 메뚜기 같으니 그들
이 보기에도 그와 같았을 것이니라"(민 13:33)라고 절망하게 만든
족속이 지금 그 땅을 차지하고 있는 자들이었다.

하나님이 주신 꿈으로 달려가면 늘 가슴이 벅차고 행복하고 마
음에 기쁨이 넘칠 줄로 생각하는데, 절대로 그렇지 않다. 꿈을 꾸는
그 순간부터 괴롭다. 꿈을 꾸는 그 순간부터 할 일이 너무나 많아
진다.

직장에 다녔던 내 친구들은 지금 거의 다 은퇴했다. 그래서 여유

로운 일상을 보내고 있다는데 나는 아직도 삶이 고달프다. 수면시간이 짧아 늘 피곤하다. 아직 하나님이 주신 꿈, 해야 할 일이 있기 때문이다. 꿈꾸는 것은 고달픈 것이다. 힘든 일이다.

꿈꾸는 자들을 열악한 곳으로 이끄시는 이유

이렇게 물어볼 수도 있겠다. 아니, 그렇게 힘든데 하나님이 꿈꾸라고 하실 때 사양하면 되지 않느냐고. 모르는 게 하나 있다.

앨런 로스 교수가 "순종은 저항에 부딪힌다"라는 말을 했는데, 100퍼센트 맞는 말이다. 순종은 저항에 부딪힌다.

그럼 순종은 저항에 부딪히게 하는 현실인데, 왜 우리가 순종해야 하고 하나님은 왜 고난의 길로 우리를 내모시는가? 그럼에도 왜 꿈꾸라고 하시는가?

하나님이 꿈꾸는 자들을 열악한 곳으로 몰고 가시는 데는 이유가 있다.

단련하시기 위해

하나님이 아브라함을 세계에서 최고로 좋은 환경의 땅으로 이끌지 않으시고 우상숭배가 만연하고 게다가 악하고 위협적인 가나안 원주민들이 사는 곳으로 인도하신 두 가지 이유가 있다.

첫 번째 이유는 '단련'을 위해서다.

하나님, 주님께서 우리를 시험하셔서, 은을 달구어 정련하듯 우리를 연단하셨습니다. 우리를 그물에 걸리게 하시고, 우리의 등에 무거운 짐을 지우시고, 사람들을 시켜서 우리의 머리를 짓밟게 하시니, 우리가 불 속으로, 우리가 물 속으로 뛰어들었습니다. 시 66:10-12, 새번역

꿈꾸는 자들이 거쳐야만 하는 것이 연단이다. 왜 이렇게 하시는가? 꿈꾸는 사람이 누리는 혜택 중 가장 좋은 것이 무엇인지 아는가? 꿈꾸는 만큼 연단하여 성장시켜주신다는 것이다. 내가 그것을 지난 세월 내내 경험했다. 아무런 꿈도 안 꾸고 그냥 예배 시간에 무난하게 설교하면서 목회했다면 그렇게 큰 고생은 안 했을 것 같다. 대신에 성장도 없었을 것이다.

우리 교회에서 '일만성도 파송운동'으로 분립 개척해서 나가실 스물아홉 분의 예비 담임목사님들을 보면 때로는 무척 안쓰럽다. 한 분 한 분 다 갖춘 것이 많은 사역자들이라 굳이 '일만성도 파송운동'에 동참하지 않았어도 목회 잘하실 분들이다.

그런데도 '일만성도 파송운동'이라는 거대한 기치 아래 세워진 후로 그들이 겪어야 했던 많은 어려움이 있다. 그런 모습을 보고 있자면, 참 안쓰럽다. 그러나 한 번도 불쌍하게 생각한 적은 없다. 왜 그런가? 마음고생하는 만큼 단련되고 성장할 것이기 때문이다.

그래서 나는 우리 교회에 교역자가 새로 부임해오면 항상 이야기한다. 목회자는 성장통이 필요하다고. 너무 행복하기만 하면 그건

문제라고. 아파야 한다. 괴로워야 한다. 그 대신 불필요하고 소모적인 고통은 할 수만 있다면 피하는 게 좋다. 나도 그런 것은 원하지 않는다. 뭐 하러 쓸데없는 것 가지고 괴롭히겠는가? 그 대신에 성장통은 필요하다.

이런 측면으로 나는 우리 교회 교역자들을 무섭게 몰아붙인다. 다들 뛰어난 분들이라 자부심이 출중한데, 거기다 대고 잔인한 직격탄을 날린다.

"당신은 스스로 차범근이라고 생각하는데 그 정도로는 안 된다. 내가 보니까 동네 축구 차범근이다. 요즘으로 치면 동네 축구 손흥민이다. 그러니 거품은 다 빼라. 왜 스스로 대단하다고 생각하는가?"

얼마나 잔인한 말인가? 왜 이런 과장된 자극을 줘야 하는가? 성장통을 위해서 필요하기 때문이다. 꿈을 가지면 그때부터 '고생 끝, 행복 시작'이 아니다. 가나안에는 악한 가나안인들이 있어야만 한다. 거기에 우상숭배가 만연해야만 한다. 왜 그런가? 그래야 그들과 싸우는 과정에서 은혜를 구하고, 기도하게 되고, 그러면서 성장하게 되기 때문이다.

성장하고 싶은가? 꿈을 꾸어라. 꿈꾸면 그 꿈의 무게만큼 하나님이 우리를 키워주신다. 하나님이 아브라함을 그렇게 인도하신 것은 그 꿈에 걸맞은 존재로 키워주시기 위한 단련을 위해서다.

환경이 아니라 하나님을 기대하게 하기 위해

하나님이 아브라함에게 약속의 땅 가나안에 들어가자마자 당황스러운 일을 겪게 하신 두 번째 이유는, 땅에 대한 기대감만으로 충만하게 하지 않기 위해서다. 다시 말해 땅에 대한 기대감에서 '하나님을 향한 기대감으로 옮겨가도록' 하기 위한 하나님의 배려다. 이것이 더 중요한 이유다.

이런 관점에서 본문을 보면 아브라함이 누리는 혜택을 알게 될 것이다.

> 여호와께서 아브람에게 나타나 이르시되 내가 이 땅을 네 자손에게 주리라 하신지라 자기에게 나타나신 여호와께 그가 그곳에서 제단을 쌓고
>
> 창 12:7

"여호와께서 아브람에게 나타나 이르시되."

이만한 혜택이 어디 있는가? 당황스러운 일이 없을 때는 안 나타나신다. '말씀하여 이르시되' 하셔도 감사한데 "나타나 이르시되"이다. 꿈꾸는 자에게 주시는 가장 큰 혜택 중의 혜택이 하나님이 나타나신다는 것이다.

이런 차원에서 새벽마다 내가 누리는 축복과 행복은 이루 상상을 초월한다. 나는 7시쯤 저녁을 먹고 바로 잠자리에 들 때가 많다. 일부러 자려는 게 아니라 새벽부터 에너지를 많이 써 그 시간쯤 되

면 완전히 고갈 상태이기 때문이다. 그래서 그 시간만 되면 언제 자는지도 모르게 잠이 들곤 한다. 거의 혼수상태이다. 그러고는 새벽 일찍 일어나 교회에 가기 전까지 하나님 앞에서 시간을 보낸다. 그 새벽이 얼마나 행복하고 충만한지 모른다.

이런 의미에서 "여호와께서 아브람에게 나타나 이르시되"에 이어지는 구절을 무게를 달리하여 새롭게 읽어보자.

"내가 이 땅을 네 자손에게 주리라 하신지라."

이분이 우리 하나님이시다. 하나님은 뜬구름 잡는 막연한 지침을 주시는 분이 아니다. 아브라함이 '어? 이 땅을 주신다고 했는데 가나안 원주민이 이미 차지했네. 어떻게 하지?' 하며 당황할 때 하나님이 나타나셔서 가장 적절한 말씀을 주신 것이다.

"내가 이 땅을 네 자손에게 주리라."

'상황 보고 놀라지 마라. 달라진 것은 없어. 너는 상황으로 움직여지는 존재가 아니라 여호와 하나님의 말씀, 곧 나의 약속으로 움직여지는 존재야'라는 것이다. 아브라함이 하나님이 주신 꿈에 순종했기 때문에 다른 사람은 누리지 못하는 이런 가슴 벅찬 혜택을 누린 것이다.

앞에서 본 시편 66편 12절은 "주님께서 우리를 시험하셔서, 은을 달구어 정련하듯 우리를 연단하셨습니다. … 우리가 불 속으로, 우리가 물 속으로 뛰어들었습니다"에서 끝나지 않는다. 그 뒤에 '그러나'로 시작되는 대반전이 있다. 이것이 너무나 중요하다.

그러나 주님께서 우리를 마침내 건지셔서, 모든 것이 풍족한 곳으로 이끌어주셨습니다. 시 66:12, 새번역

어느 것을 선택하겠는가? 앞에 고난이 있고 힘들고 어려우나 대반전의 하나님께서 모든 것이 풍족한 곳으로 이끌어주시는 것을 택하겠는가? 고생하기 싫으니 아무것도 없는 삶을 원하는가?

이유 여하를 막론하고 하나님이 주시는 꿈으로 다시 한번 무장되기를 바란다. 그것이 우리를 좀 불편하게 하고 남들이 안 하는 고생을 좀 더 하게 할지 모르지만, 남들이 누리지 못하는 놀라운 특권을 누리게 될 것이다.

우리에겐 하나님이 계신다

그러나 내가 가는 길을 그가 아시나니 그가 나를 단련하신 후에는 내가 순금같이 되어 나오리라 욥 23:10

"순금같이 되어 나오리라"가 중요한 게 아니라 그것을 주관하시는 분, 그리고 그분이 주도하시고 그분이 이끌어가시는 "내가"가 중요하다.

다 갖추고 있어서 주님이 하실 일이 하나도 없게 만드는 게 지혜로운 것인가? 할 일이 많지만 늘 신뢰하며 걷는 사람을 위해 주님이

일하신다. 주님이 날 위하여 일하고 계시다는 것을 경험하며 살길 바란다.

장영희 교수의 《그러나 내겐 당신이 있습니다》라는 책에 나오는 이 한 문장을 만약 아브라함이 본다면 '아, 딱 내 이야기다'라고 할 것 같다.

"그러나 내겐 당신이 있습니다. 당신의 사랑이 쓰러지는 나를 일으킵니다. 나를 사랑하는 이가 이 세상에 존재한다는 것, 그것이 내 삶의 가장 큰 힘입니다."

가나안이 왜 그렇게 열악하고 척박하고, 왜 그렇게 악한 것들이 득실거려야 하는지 알겠는가? 그래야 땅에만 주목하는 어리석은 내 시선이 그런 것들을 평정해주시는 여호와 하나님에게로 옮겨가기 때문이다.

아브라함이 이 은혜를 누렸기 때문에 그는 가나안에 도착하자마자 가장 먼저 예배를 드렸다. 그리고 가는 곳마다 예배했다. 이 감격이 있었기 때문에 그의 관심은 땅에만 머물지 않고 척박한 땅에서도 여전히 약속으로 이끌어주시는 하나님을 향할 수 있었다.

그곳에서 제단을 쌓고

약속의 땅 가나안에 들어간 후에 아브라함이 가장 먼저 했던 두 가지 행동이 있다. 첫 번째는 "그곳에서 제단을 쌓고"이다.

여호와께서 아브람에게 나타나 이르시되 내가 이 땅을 네 자손에게
주리라 하신지라 자기에게 나타나신 여호와께 그가 그곳에서 제단을
쌓고 **창 12:7**

'제단을 쌓고'에는 두 가지 의미가 있다. 하나는 하나님의 말씀에
대한 신뢰와 믿음을 표현하는 것이다. 아브라함이 제단을 언제 쌓
았는가? 여호와께서 아브라함에게 나타나서서 "내가 이 땅을 네 자
손에게 주리라"라고 하신 그때 제단을 쌓았다.

예배가 무엇인가? 예배란 약속하신 하나님에 대한 '신뢰'를 표현
해드리는 것이다.

눈에 보이는 상황이 힘들면 힘들수록, 당황스러운 일들이 펼쳐지
면 펼쳐질수록 예배를 드려야 한다. 코로나19 때문에 예배드리는
것이 너무 힘들다고 하는데, 나는 그렇게 생각하지 않는다. 오히려
믿음이 있는 사람들은 지금이야말로 더 갈망하며 열정적으로 예배
를 드린다.

지금이야말로 나 자신의 초라함, 내 힘으로는 아무것도 할 수
없음을 깨달아야 한다. 인간이 가진 것들은 허망하기 짝이 없다는
사실을 철저하게 인식해야 한다. 그래서 우리는 예배로 나아가야
한다.

지금이야말로. '상황은 별로 달라진 것 없다. 걱정하지 마라. 여
전히 내 약속은 유효하다'라고 하신 하나님의 말씀에 대한 반응으

로 하나님 앞에 제단을 쌓고 예배해야 한다.

'제단을 쌓고'에 담긴 또 하나의 의미는 '감사'이다. 척박한 상황이 눈앞에 펼쳐져 있는데, 하나님으로 인해 그 마음이 얼마나 안정되었으면 감사가 나왔겠는가?

어려운 일이 있을수록, 힘이 들수록 예배해야 하는 이유가 여기에 있다. 죽을 것처럼 힘들면 예배의 자리로 나와야 한다. 마음의 상처가 크면 클수록 예배의 자리로 나와야 한다.

나를 비롯해 함께하는 스물아홉 분의 목사님들이 '일만성도 파송운동'으로 극심한 두려움에 빠져 있을 때 내가 아주 엄청난 선물을 그 분들과 나누었다. 바로 《감사 노트》였다. 비싸지는 않지만 정말로 엄청난 선물이었다. 왜 그런가? 그럴 때일수록 감사해야 하기 때문이다.

스물아홉 교회의 개척을 준비하는 과정에서 보니, 나를 비롯해 모두가 다 역부족이었다. 한국교회에 작은 보탬이라도 되어야 하는데, 우리 실력으로는 불가능하게 보였다. 그래서 감사해야 한다. 고뇌하는 만큼 성장할 것이기 때문이다. 고뇌하는 만큼 하나님의 시선이 우리를 향해 있다는 걸 알게 될 것이기 때문이다.

지금 너무 힘든 상황에 처해 있는가? 《감사 노트》를 쓸 때이다. 마음이 너무 힘든가? 예배드릴 때이다. 그저 가나안의 악한 것들만 보이고 상수리나무만 보이던 미련한 내가 예배를 통해서 '아무리 상황이 어려워 보여도 달라진 것은 없다. 여호와 하나님께서 살아 계시는데 뭐가 문제냐?'라는 말씀을 받을 때인 줄로 믿는다.

여호와의 이름을 불렀다

그런가 하면 아브라함이 약속의 땅에 와서 가장 먼저 했던 또 한 가지 일이 있었는데, 바로 "여호와의 이름을 부르더니"이다.

> 거기서 벧엘 동쪽 산으로 옮겨 장막을 치니 서쪽은 벧엘이요 동쪽은 아이라 그가 그곳에서 여호와께 제단을 쌓고 여호와의 이름을 부르더니 **창 12:8**

아브라함이 왜 여호와의 제단을 쌓고 여호와의 이름을 불렀을까? 이는 하나님을 향한 믿음과 하나님을 향한 신뢰를 공적으로 선포하는 행위이다.

여호와 하나님을 하나님으로 인정하지 못하는 그들에게, 모레 상수리나무와 우상숭배가 만연하는 그곳에서 '가나안의 진짜 주인은 너희들이 섬기는 가나안 신이 아니라 여호와 하나님의 이름'이라는 걸 선포하는 것이다. 멋지지 않은가?

우리는 온통 가나안에 가서 내가 누릴 혜택, 내가 누릴 축복에만 관심을 둔다. 우리가 하나님 앞에서 꿈을 받는다는 것은 내게 유익하기 때문도 있지만, 그것으로 끝내면 안 된다. 아브라함이 가나안에 발을 디뎠던 그 사건으로 여호와 하나님의 이름이 선포되는 너무나 놀라운 결과가 일어나고 있다는 것에서 우리는 도전 받아야 한다.

나는 8절에서 아브라함이 "여호와의 이름을 부르더니"라는 말씀이 1,2절의 "여호와께서 아브람에게 이르시되 … 내가 너로 큰 민족을 이루고 네게 복을 주어 네 이름을 창대하게 하리니 너는 복이 될지라"라는 말씀과 오버랩되어 너무나 큰 감동이 되었다.

하나님은 아브라함의 이름을 창대하게 해주겠다고 하시고, 아브라함은 그 열악한 땅에서 하나님의 이름을 높여 선포하고. 너무 아름다운 하모니 아닌가? 이런 신앙생활을 하고 싶지 않은가?

하나님께 구하는 내용이 온통 '하나님, 내 바벨탑 잘 쌓게 해주세요. 내 이름이 높아지게 해주세요'였던 창세기 11장에서 하나님의 꿈을 짓밟았던 타락한 존재들과 달리, 하나님은 내 이름을 창대하게 해주시길 원하고 나는 하나님의 이름을 높이 올려 선포하는 이런 신앙생활을 해보고 싶지 않은가?

하나님께서는 열악한 가나안 땅에서 아브라함을 꿈으로 무장시켜주셨다. 우리 하나님은 꿈꾸게 하시는 분이다. 하나님은 꿈꾸는 자를 좋아하신다.

오늘부터 하나님께 구하라. 꿈꾸면 고생하고 꿈꾸면 힘들다고 생각하지만 꿈꾸는 자에게 주시는 하나님의 임재, 하나님의 말씀, 가진 꿈의 크기만큼 성장시켜주시는 그 하나님을 붙들고 나아가길 바란다.

어제의 나는 다 잊어야 한다. 오늘부터 꿈 주시는 하나님과 동역하는, 꿈꾸는 사람이 되길 바란다.

My heart is beating through God's calling.

꿈에
이르도록
훈련시키시다

"눈을 들어 동서남북을 바라보라"

창세기 12:10-13

10 그 땅에 기근이 들었으므로 아브람이 애굽에 거류하려고 그리로 내려갔으니 이는 그 땅에 기근이 심하였음이라 11 그가 애굽에 가까이 이르렀을 때에 그의 아내 사래에게 말하되 내가 알기에 그대는 아리따운 여인이라 12 애굽 사람이 그대를 볼 때에 이르기를 이는 그의 아내라 하여 나는 죽이고 그대는 살리리니 13 원하건대 그대는 나의 누이라 하라 그러면 내가 그대로 말미암아 안전하고 내 목숨이 그대로 말미암아 보존되리라 하니라

내 멋대로 하다가
망한다

약속의 땅 가나안에서 만난 기근

앞에서 보았듯이, 아브라함이 가나안에 들어가자마자 마주한 것이 우상숭배가 만연한 열악한 환경과 그 땅에 이미 거주하고 있던 난폭한 원주민들이었다. 이것도 당황스러운 일이었지만, 아브라함 입장에서 상상하기 어려운 고통이 찾아왔다. 그 땅에 기근이 든 것이다.

'기근'은 국어사전에 "흉년으로 먹을 양식이 모자라 굶주림"이라고 나와 있다. 가나안이 어떤 곳인가? '가나안' 하면 제일 먼저 '약속의 땅'이라는 수식어가 떠오른다. 그리고 '젖과 꿀이 흐르는 땅'이라는 이미지가 아주 어린 시절부터 우리에게 새겨져 있다.

그런데 그 놀라운 약속의 땅에서 흉년으로 먹을 양식이 모자라 굶주리는 일이 발생한 것이다. 어떻게 이런 일이 가능한가? 아브라함의 입장에서는 매우 당황스러운 일이지만 하나님의 입장에서는 필수적이다. 왜 그런가? 꿈꾸는 자를 그 꿈에 걸맞게 키워주길 원하는 분이 하나님이시기 때문이다.

세상에 모래알을 품고 괴로워하기를 원하는 조개가 어디 있겠는가? 그러나 조개 안에 들어간 모래 한 알, 그 고운 살결에 들어간 쓰라린 모래 한 알로 괴로운 시간을 거쳐야만 아름다운 진주가 만들어지는 것 아닌가.

살아가면서 겪어야 하는 사건보다 더 중요한 것은 그 사건을 해석하는 능력이라 생각한다. 예수 믿는 우리는 '오늘은 재수가 없어. 재수 없는 일을 만났어' 이런 말을 쓰면 안 된다. 예수 믿는 우리에게 재수 없는 일이란 없다. 무슨 일을 만나건 중요한 것은 해석이고, 의미 부여이기 때문이다.

조개에게 있어서 일생에 가장 재수 없는 사건, 모래 한 알이 들어와 버린 일생의 가장 기분 나쁜 그 사건을 통해서 아름다운 진주가 만들어지는 것처럼 우리가 기근을 만났거나 원치 않는 아픈 일을 만났을 때, 그것이 변장하고 찾아온 축복이라고 해석할 수 있다면 얼마나 좋을까.

목사가 된 이후로, 수많은 성도에게서 조개 같은 속살에 모래 한 알이 들어가 쓰라린 일을 겪고 있다는 이야기를 끊임없이 듣는다. 이게 목회자의 자리이다. 그 모든 사안을 슬픔으로 받아들였으면 나는 아마 우울증에 시달렸을 것이다.

물론 그런 소식을 들으면 나도 너무 마음이 아프고 '얼마나 힘드실까? 얼마나 고통의 시간을 보내고 있을까?' 하는 마음이 당연히 든다.

그런 슬픈 마음이 당연하게 있지만 그 슬픔을 어떻게 해석해야 하는가? '재수 없는 일을 만났네' 하고 끝내는 게 아니라 그 쓰라린 마음을 가지고 기도하는 것이다.

'하나님, 이 성도의 가정이 이런 가슴 아픈 일을 만났는데 아무 의미 없는 고통으로 끝나지 않고 변장하고 찾아온 축복이 되게 하여 주옵소서.'

아브라함이 기근을 원하지 않았지만, 그 당황스러운 기근을 만난 후에 '어떻게 가나안에 이런 일이 일어날 수 있는가?' 하며 물음표만 붙이며 고뇌하는 것이 아니라 어떻게 하면 이것을 자기 삶에 변장하고 찾아온 유익한 축복으로 받을 수 있을지를 놓고 기도하기를 바라는 마음에서다.

여러 가지 시험을 만나거든, 하나님께 구하라!

내 형제들아 너희가 여러 가지 시험을 당하거든 온전히 기쁘게 여기라 이는 너희 믿음의 시련이 인내를 만들어 내는 줄 너희가 앎이라 **약 1:2,3**

이 말씀을 한마디로 요약하면 '시련은 변장하고 찾아온 축복이니라' 아닌가?

'여러 가지 시험을 당하거든 온전히 기쁘게 여기라. 그것은 변장하고 찾아온 축복이라. 네가 이것을 어떻게 지혜롭게 잘 쓰느냐에 따라 이것이 네 인생에 대박 사건이 될 수도 있다.'

여기서 "여러 가지 시험을 당하거든"이라고 가정법이 쓰였는데, 박정근 목사님은 책에서 이 부분을 설명하면서 헬라어 문법을 이야기했다. 헬라어에는 가정법이 세분화되어 있어서 제1가정법, 제2가정법, 제3가정법, 제4가정법까지 있다고 한다. 여기 쓰인 것은 제1가정법인데, 이는 반드시 일어날 일을 가정할 때 쓴다는 것이다.

예를 들면, '만약에 내일 아침에 해가 뜨거든…' 같은 경우다. 내일 아침에 해는 반드시 뜬다. 하루는 해가 떴다가 하루는 안 떴다가 하지 않는다. 이런 것이 헬라어로 제1가정법이라는 것이다.

그렇다면 이 말씀에서 강조하는 게 무엇인가? "여러 가지 시험을 당하거든"이라는 말씀은 아침 해가 뜨는 것처럼 우리 삶에서 여러 가지 시험을 만나는 것은 너무나 당연하다는 것을 강조하는 표현 아니겠는가? 하나님께서는 사람에게 꿈과 비전을 주실 뿐만 아니라 꿈과 비전으로 무장된 사람은 그 꿈에 걸맞은 그릇으로 키워주기 위해 여러 가지 시험을 주시는데, 그 시험을 기쁘게 또 당연하게 받으라는 얘기 아닌가?

그래서 "여러 가지 시험을 당하거든"이라는 제1가정법으로 시작한 이 말씀이 어떻게 끝나는지 아는가? 이 말씀이 어디로 결론이 나는지 야고보서 1장 2절부터 다시 보자.

> 내 형제들아 너희가 여러 가지 시험을 당하거든 온전히 기쁘게 여기라 이는 너희 믿음의 시련이 인내를 만들어 내는 줄 너희가 앎이라 인내를 온전히 이루라 이는 너희로 온전하고 구비하여 조금도 부족함이 없게 하려 함이라 너희 중에 누구든지 지혜가 부족하거든 모든 사람에게 후히 주시고 꾸짖지 아니하시는 하나님께 구하라 그리하면 주시리라
> 약 1:2-5

"여러 가지 시험을 당하거든"이라는 제1가정법으로 시작된 이 말씀의 결론은 "하나님께 구하라 그리하면 주시리라"이다.

기근 앞에서 실패한 아브라함

불행하게도 아브라함은 이것에 실패했다. 하나님은 가나안까지 길 안내하시고 손 털면서 '내 할 일은 여기까지다. 꿈은 내가 줬으니 이제 네가 한번 해봐라' 하시는 분이 아니다. 하나님은 놀라운 꿈을 주시고 마침내 가나안에 당도하게 하실 뿐만 아니라 끝까지 책임지시는 분이다.

그 하나님께서 끝까지 책임지시는 첫 번째 사건으로 보여주신 것이 '기근'이다. 이것은 해석하기에 따라서 아브라함 일생에 가장 큰

축복이 될 수도 있었던 사건이다. 그가 영적으로 풍성하게 성장할 수 있는 복된 사건 말이다. 그런데 불행하게도 아브라함은 그 의미를 파악하지 못했다. 그래서 그 문제를 가지고 하나님께 의뢰했어야 하는데 자기 생각과 자기 방식으로 해결하려는 어리석은 태도를 보여주고 있다.

> 그 땅에 기근이 들었으므로 아브람이 애굽에 거류하려고 그리로 내려 갔으니 이는 그 땅에 기근이 심하였음이라 **창 12:10**

말씀을 다시 한번 자세히 보자. 문제 제기가 "그 땅에 기근이 들었으므로"이다. 그리고 그 문제의 해결 방식이 바로 다음에 나온다. "아브람이 애굽에 거류하려고 그리로 내려갔으니."

여기에서 무엇을 발견할 수 있는가? 지금 문제 제기와 그 문제를 해결하는 방식 사이에 하나가 **빠져** 있지 않은가? 무엇인가? 바로 이 정신이 생략되어 있다.

> 이에 아브람이 여호와의 말씀을 따라갔고… **창 12:4**

생략된 게 느껴지는가? "그 땅에 기근이 들었으므로"라는 문제 제기에 이어서 즉각적으로 "아브람이 애굽에 거류하려고 그리로 내려갔으니"라는 문제 해결 방식이 서술되고 있다. 물론 이것이 시간상으로 즉각적이라고는 생각하지 않는다. 그러나 서술 방식을 보면 아브라함이 그 문제를 해결하는 데 있어서 "여호와의 말씀을 따라갔고"를 생략한 채 '내 생각에는, 내 방식에는'을 따라갔던 것 같다. "여호와의 말씀을 따라갔고"의 정신이 결여되어 있는 이 결정이 얼마나 비참한 결과로 이어지는지 모른다.

하나님의 말씀을 구하지 않으면 실패한다

여호수아서 7장에 아이 성 전투에 대한 기록이 나온다. 가나안 정복 과정에서 이스라엘 백성이 치렀던 전쟁 중의 하나가 아이 성 전투인데, 그 전투에서 패배해서 백성들이 절망하는 내용이 여호수아서 7장에 담겨 있다.

그런데 쓰라린 아이 성 전투 바로 앞에 나오는 전투가 우리가 잘 아는 여리고 성 전투이다. 여리고 성은 난공불락의 성이라고 알려져 있었기에, 모든 이스라엘 백성이 초긴장 상태였다. 그런 초긴장 상태에서 절박한 마음을 가지고 여리고 성 전투에 대비하던 상황에서 여호수아가 하나님이 보내신 천사를 만나는 장면이다.

그가 이르되 아니라 나는 여호와의 군대 대장으로 지금 왔느니라 하는지라 여호수아가 얼굴을 땅에 대고 엎드려 절하고 그에게 이르되 내 주여 종에게 무슨 말씀을 하려 하시나이까 수 5:14

하나님이 보내주신 군대 대장에게 여호수아가 얼굴을 땅에 대고 엎드려 절하며 무엇을 구하는가?

"내 주여 종에게 무슨 말씀을 하려 하시나이까."

이것이 바로 "아브람이 여호와의 말씀을 따라갔고"의 정신 아닌가? 도저히 우리 힘으로는 승리할 수 없는 전투를 앞두고, 두렵고 떨리는 마음으로 "하나님, 말씀해주시기를 원합니다"라고 구한 것이다.

그렇게 난공불락의 성 여리고에서 승리하는데, 인간의 한계가 이런 것이다. 바로 그다음 비참하게 패배했던 아이 성 전투에서 그들의 태도를 보라. 여리고 성에 비하면 아이 성은 너무나 작고 쉬운 상대로 보였기 때문에 기도 안 해도 된다고 생각했던 것 같다.

> 여호수아에게로 돌아와 그에게 이르되 백성을 다 올라가게 하지 말고 이삼천 명만 올라가서 아이를 치게 하소서 그들은 소수이니 모든 백성을 그리로 보내어 수고롭게 하지 마소서 하므로 수 7:3

교만이 뚝뚝 묻어나지 않는가? 자신감이 너무 충만했던 나머지 "여호와의 말씀을 따라갔고"의 정신이 여기에도 빠져버렸다.

하나님 앞에서 우리가 아이 성 전투와 같이 방심하며 살아가다가 쓰라림을 당하는 일들이 얼마나 많은지 모른다. 그래서 나는 종종 개척 초기 시절이 그립다.

그때는 목회가 나에게 여리고 성 같았다. 정말 두렵고 또 두려웠다. 나이도 어리고 경험도 없었기 때문에 하나님 앞에 여러 번 울며 엎드렸다.

그래서 여호수아의 절박한 마음을 나는 잘 안다. 너무너무 절박한 마음으로 "내 주여 종에게 무슨 말씀을 하려 하시나이까"라고 묻고 또 묻고 울고 또 울었다. 그땐 이런 심정이었다.

'저는 어떡하면 좋습니까? 이미 물은 엎질러졌고, 여전히 자신은 없고, 물릴 수도 없고. 하나님, 어떡하면 좋겠습니까? 말씀해 주세요.'

그렇게 두렵고 떨리는 마음으로 무릎 꿇으며 시작한 분당우리교회에서의 목회였는데, 지금은 그런 절박함이 사라진 지가 오래됐다. 우리 모두 이것을 회복해야 한다. 이것을 회복하지 못하면 너무나 가슴 아픈 아브라함의 그 쓰라림을 우리도 겪게 될 것이기 때문이다.

위기 앞에서도 능력이 되게 하라

사실 아브라함은 평소에 경건의 훈련이 잘되어 있던 사람이었다. 그가 약속의 땅 가나안에 진입한 이후에 일상생활에서 보여준 두 가지 감동적인 행동이 있지 않은가? 그는 열악한 환경에서도 하나님께 제단을 쌓았고, 하나님의 이름을 불렀다.

그런데 불행한 게 무엇인가? 평상시에는 경건 훈련이 잘된 것 같은 태도를 보여주었던 아브라함인데, 결정적으로 기근이 찾아왔을 때 평소에 쌓았던 그 영적인 실력이 하나도 작동이 안 되었다는 것이다. 평소에는 하나님께 제단을 쌓아 예배하고 하나님의 이름을 불렀던 아브라함인데, 문제가 터지자 바로 옛 자아의 본능대로, 자기 하고 싶은 대로 하는 것 아닌가.

앞에서 언급했던 것처럼 나는 우리 교회에 처음 부임해서 오는 교역자들을 초기에 많이 누른다. 의도적으로. 목사님들이 새롭게 부임했으니 얼마나 감사한 마음이 크고 기대감으로 부풀었겠는가? 그렇게 모인 교역자들에게 이 메시지를 전하고 싶기 때문이다.

"당신이 신학교에 들어가서 지금까지 준비한 그 모든 것이 현실에서 작동되도록 해야 한다."

이것은 나에게 던지는 메시지이기도 하다. 평상시에는 "두려워하지 마라, 염려하지 마라"라고 설교하지만, 정작 설교자 자신에게 어떤 문제가 찾아오면 아무것도 아닌 일에 너무 당황하고 얼굴에 수심이 가득해서 어쩔 줄 몰라 하는 경우가 있다.

아무 일 없는 평상시에는 모든 문제를 해결해주시는 하나님의 능력에 대해 확신하며 그 사실을 주변 사람들에게 고백하지만, 정작 어떤 실제적인 문제에 맞닥뜨렸을 때 그 믿음의 고백이 삶 속에서 작동되지 않는다면 그게 바로 기근 앞에서 실패했던 아브라함의 모습이란 것이다.

우리가 진짜 하나님께 구해야 할 기도 제목이 이것이다. 우리가 평소에 말씀 묵상하고, 필사하고, 기도 생활에 전념하며 쌓아왔던 모든 영적인 몸부림들이 삶에는 하나도 영향을 미치지 못하는 공허한 신앙생활이 아니라 기근을 만난 현실에서 능력으로 나타나게 해달라고 구해야 한다.

'내 멋대로'의 슬픈 열매

왜 이것을 구해야 하는지 아는가? 이것을 놓쳐버리면 잘못된 열매가 찾아온다. 기근을 만난 아브라함이 그 문제를 가지고 하나님께 의뢰하여 하나님의 말씀을 구하지 않고 자기가 판단하고 결정하여 애굽으로 내려가버리자, 너무 가슴 아픈 잘못된 열매 두 가지가 나타났다. 잘못된 방식에는 반드시 잘못된 열매가 나타난다.

두려움

아브라함에게 나타난 첫 번째 잘못된 열매는 '두려움'이었다. 하나님의 말씀이 아닌 자기 판단을 따라 애굽으로 내려간 아브라함은 아내 사라('사라'의 옛 이름이 '사래'이다)에게 이렇게 말한다.

> 그가 애굽에 가까이 이르렀을 때에 그의 아내 사래에게 말하되 내가 알기에 그대는 아리따운 여인이라 애굽 사람이 그대를 볼 때에 이르기를 이는 그의 아내라 하여 나는 죽이고 그대는 살리리니 **창 12:11,12**

꼭 기억해야 한다. 아브라함처럼 기근이 왔을 때 하나님께 의뢰하지 않고 내 방식으로, 내가 가진 그 무엇으로 문제를 풀려고 하다 보면 반드시 찾아오는 것이 두려움이다.

나도 예외가 아니다. 최근에 굉장히 뼈아픈 깨달음을 하나 얻었다. '일만성도 파송운동'으로 분립 개척을 앞둔 예비 담임목사들한테 한동안 잔소리가 정말 많았다. 점점 더 잔소리를 했다. "이건 이러면 안 된다, 저건 저러면 안 된다"라고 계속 반복하면서 잔소리를 하는데, 어느 새벽에 하나님이 그 실체를 보여주셨다. 그렇게 잔소리가 많아진 이유는 나의 두려움 때문이었다. 두려운 것이다.

'우리 성도들이 다치면 어떡하나? 성도들이 상처받으면 어떡하나?'

내면의 두려움으로 목사님들에게 계속 잔소리를 했던 것이다.

사춘기 자녀를 둔 부모들도 끊임없이 아이들에게 잔소리를 하지 않는가? 도대체 네가 뭐가 되려고 이러느냐며 끊임없이 참견하는 부모의 잔소리 뒤에는 그 부모님의 두려움이 있는 것이다.

'이 험한 세상에서 얘가 이래서 어떻게 살려나?'

이 두려움 때문에 계속 잔소리를 하는 것이다.

목사라고 확신을 가지고 선포했던 내 안에도 인간적인 두려움이 있었다. 계속 잔소리를 하는 실체를 발견했다면 그 두려움을 방치하면 안 된다. 그래서 나는 예비 담임목사님들에게 그것을 고백했다. 그리고 사과했다.

마찬가지로 지금 두려움 때문에 끝없이 잔소리하는 부모가 있다면, 어떤 기근을 만나 두려움으로 고통당하는 사람이 있다면 그 실체를 마주하고 방치하지 말아야 한다.

아무것도 염려하지 말고 다만 모든 일에 기도와 간구로, 너희 구할 것을 감사함으로 하나님께 아뢰라 그리하면 모든 지각에 뛰어난 하나님의 평강이 그리스도 예수 안에서 너희 마음과 생각을 지키시리라
빌 4:6,7

기근이 찾아올 때, 어려운 일에 맞닥뜨렸을 때, 우리가 하나님께 의뢰해야 하는 것은 하나님께 기도하면 하나님은 우리의 마음과 생각을 지켜주시는 분이시기 때문이다.

아브라함의 입장에서 한번 생각해보자. 만약에 아브라함이 자기 힘으로 풀 수 없는 큰 문제를 만났을 때 그것을 자기 생각이나 계획대로 풀어나가는 것이 아니라, 기도와 간구로 하나님께 아뢰는 방식을 취했더라면 아브라함에겐 절대로 두려움이 엄습하지 않았을 것이다.

물론 인간이니까 아무리 기도를 많이 해도 순간순간 마음에 불안이 온다. 두려움이 찾아온다. 그러나 적어도 그 두려움에 지배당하지는 않는다.

아브라함에겐 분명히 믿음이 있었다. 아직 아이도 없는 아브라

함에게 여호와께서 나타나셔서 "내가 이 땅을 네 자손에게 주리라"라고 하셨을 때, 그 말씀을 믿음으로 받았기 때문에 거기서 제단을 쌓고 여호와의 이름을 불렀던 것 아닌가?

그런데도 문제 앞에서 하나님께 기도함으로 의뢰하지 않아 두려움의 열매가 맺혀 경직되기 시작하면 다 잊어버린다. 내가 그것을 너무 많이 경험한다. 내 안에 두려움 때문에 경직되자 끝없이 잔소리를 했던 것처럼.

이것은 나뿐만 아니라 모든 목회자와 성도들도 마찬가지다. 경직을 풀어야 지각에 뛰어나신 하나님이 그 생각과 마음을 지켜주신 자로서 여유롭게 대처할 수 있다. 경직을 풀어야 한다. 그래서 아이들한테, 남편에게, 아내에게 잔소리를 좀 줄이고, 잔소리하는 그 시간에 하나님께 기도로 아뢰는 결단이 우리 모두에게 일어나게 되기를 바란다.

거짓

아브라함이 하나님께 아뢰지 않고 자기 생각과 자기 방식으로 문제를 풀려다가 생겨난 잘못된 열매가 하나 더 있다. 바로 '거짓'이다. 아브라함은 아내에게 이렇게 이야기한다.

원하건대 그대는 나의 누이라 하라 그러면 내가 그대로 말미암아 안전하고 내 목숨이 그대로 말미암아 보존되리라 하니라 창 12:13

애굽으로 내려간 아브라함은 '애굽 사람들은 아름다운 여인을 발견하면 그 남편을 죽이고 데려가 자기 아내로 삼는다더라. 바로와 고관들에게 바친다더라' 하는 소문을 들었을 것이다. 그러니 이런 반응을 보인 것 아니겠는가?

하나님께 의뢰하지 않고 애굽으로 내려간 것도 잘못이지만, 준비도 안 된 상태로 가보니 그 문화나 시대가 너무 악해서 이런 일들을 만나게 된다면 어떻게 해야 하는가? 예를 들어, 어느 나라로 이민을 갔는데 그곳은 인신매매도 많고 밤이 되면 위험해서 밖에도 나갈 수 없어서 두려움이 엄습한다면 어떻게 해야 하는가? '아, 내가 기도를 안 하고 결정했구나' 깨달아야 하는 것 아닌가?

그런데 지금 아브라함은 전혀 하나님의 영향력 아래 있다고 생각할 수 없는 태도를 취하고 있다. 내가 어떻게 감히 아브라함이 이 순간만큼은 하나님의 영향력 아래 있지 않았다고 말할 수 있느냐면, 사탄이 거짓의 아비이기 때문에 그렇다.

성경이 정직의 중요성을 얼마나 강조하는가?

여호와는 선하시고 정직하시니 그러므로 그의 도로 죄인들을 교훈하시리로다 **시 25:8**

여호와의 교훈은 정직하여 마음을 기쁘게 하고 여호와의 계명은 순결하여 눈을 밝게 하시도다 **시 19:8**

영국에 이런 속담이 있다고 한다.

"하루 행복하려면 이발을 해라. 일주일 행복하려면 결혼을 해라. 그리고 1년간 행복하려면 새집을 지어라. 그러나 일평생 행복하려면 정직해라."

최근에 읽은 칼럼에 이런 글이 있었다. 영국 런던의 금융가에는 세계에서 가장 오래된 옛 증권거래소가 있는데, 그 건물 전면에는 라틴어로 '딕툼 메움 팍툼'(Dictum Meum Pactum)이란 문구가 새겨져 있다고 한다. '딕툼 메움 팍툼'은 '내가 한 말은 곧 보증수표'라는 뜻이라고 한다. 철저한 신의가 금융의 생명임을 보여주는 문구다.

내가 이 칼럼을 보면서 '이 문구를 교회 입구에 붙여야 하는 것 아닌가? 내 서재에 붙여야 하는 것 아닌가?'라는 생각을 했다. 이것을 교회 입구에 크게 써붙이는 게 중요한 게 아니라, 이 말이 우리 모두의 모토가 되기를 원한다.

> 너희는 너희 아비 마귀에게서 났으니 너희 아비의 욕심대로 너희도 행하고자 하느니라 그는 처음부터 살인한 자요 진리가 그 속에 없으므로 진리에 서지 못하고 거짓을 말할 때마다 제 것으로 말하나니 이는 그가 거짓말쟁이요 거짓의 아비가 되었음이라 요 8:44

우리가 구할 것이 너무 많고, 해야 할 일도 너무 많지만 다른 모든 것은 다 내려놓고 잠언 30장 7,8절의 정신을 구해야 한다.

> 내가 두 가지 일을 주께 구하였사오니 내가 죽기 전에 내게 거절하지
> 마시옵소서 곧 헛된 것과 거짓말을 내게서 멀리 하옵시며 나를 가난하
> 게도 마옵시고 부하게도 마옵시고 오직 필요한 양식으로 나를 먹이시
> 옵소서 잠 30:7,8

어떤 문제를 가지고 간절하게 기도하는 분, 사업의 문제를 가지
고 작정기도하는 분, 자녀의 문제, 가족의 문제를 가지고 눈물로 기
도하는 분들의 절박한 마음을 안다. 하지만 그 절박한 기도에서
"하나님, 오직 필요한 양식으로 나를 먹이시옵소서"라고 구하기 전
에 가장 먼저 구해야 하는 것이 "헛된 것과 거짓말을 내게서 멀리 하
옵소서"라는 것이다.

목사인 나에게 이것을 적용해서 설명하자면 '하나님, 교회를 부
흥시켜주시옵소서. 목회가 순탄하게 하여주시옵소서'라는 기도보
다 '정직한 목사 되게 해주소서'라는 기도를 먼저 해야 한다는 것
이다.

두려움과 거짓의 열매를 제하는 대안

두려움과 거짓, 이 두 가지 악한 열매가 우리에게는 없는지 점검
하기를 바란다. 두려움이 엄습하는 인생, 그때그때 위기를 모면하

느라 즉석에서 거짓말로 둘러대는 것이 몸에 배어 있는 인생을 오늘 하나님이 제거해주시기를 기도해야 한다.

그리고 근원적으로 내 멋대로 결정하고 내 멋대로 판단하는 태도를 없애는 것이 이 두 가지 악한 열매를 물리치는 비결이 될 줄 믿는다.

이제 우리가 하나님 앞에 마련해야 할 대안을 정리해보려고 한다. 아브라함에게서 볼 수 있는 잘못된 방식에서 나타나는 두 가지 나쁜 열매인 '두려움'과 '거짓'이 내 안에 자리잡지 못하도록 하기 위해 나는 시편 34편 4절에서 그 대안을 찾는다.

내가 여호와께 간구하매 내게 응답하시고 내 모든 두려움에서 나를 건지셨도다 시 34:4

아브라함이 악한 권세가 가득해 보이는 바로에게만 집중하는 것이 아니라 약속하시는 하나님, 아직 자녀도 없는 상황이지만 꿈으로 보여주시며 이 땅을 그들에게 주실 것이라고 약속하셨던 그 하나님의 말씀을 붙잡았다면 아브라함 내면의 두려움은 사라졌을 것이다. 그랬다면 안 해도 되는 거짓말로 수치의 자리에 빠지지 않았을 것이다.

우리가 이 대안을 기억하자. 악한 바로에게 집중하는 것이 아니라 여호와 하나님께 의뢰하자. 그분의 말씀을 듣고 나아가자. 그

리하여 아브라함의 어리석음을 범하지 않는 우리 모두가 되기를
바란다.

창세기 12:14-20, 13:1-4

14 아브람이 애굽에 이르렀을 때에 애굽 사람들이 그 여인이 심히 아리따움을 보았고 15 바로의 고관들도 그를 보고 바로 앞에서 칭찬하므로 그 여인을 바로의 궁으로 이끌어들인지라 16 이에 바로가 그로 말미암아 아브람을 후대하므로 아브람이 양과 소와 노비와 암수 나귀와 낙타를 얻었더라 17 여호와께서 아브람의 아내 사래의 일로 바로와 그 집에 큰 재앙을 내리신지라 18 바로가 아브람을 불러서 이르되 네가 어찌하여 나에게 이렇게 행하였느냐 네가 어찌하여 그를 네 아내라고 내게 말하지 아니하였느냐 19 네가 어찌 그를 누이라 하여 내가 그를 데려다가 아내를 삼게 하였느냐 네 아내가 여기 있으니 이제 데려가라 하고 20 바로가 사람들에게 그의 일을 명하매 그들이 그와 함께 그의 아내와 그의 모든 소유를 보내었더라 1 아브람이 애굽에서 그와 그의 아내와 모든 소유와 롯과 함께 네게브로 올라가니 2 아브람에게 가축과 은과 금이 풍부하였더라 3 그가 네게브에서부터 길을 떠나 벧엘에 이르며 벧엘과 아이 사이 곧 전에 장막 쳤던 곳에 이르니 4 그가 처음으로 제단을 쌓은 곳이라 그가 거기서 여호와의 이름을 불렀더라

6 chapter

실패와 수치의 자리에서
건지시다

고난과 시험을 기쁨으로 받을 수 있는 이유

어떤 어려운 문제를 만날 때 무의식적으로 하나님을 찾고 하나님께 의뢰하는 태도가 중요한 이유는, 그것으로 내가 하나님의 다스림 안에 있다는 게 확인되기 때문이다. 그리고 그것이 내 믿음이 삶 속에서 작동되고 있다는 증거이기 때문이다.

"여러 가지 시험을 당하거든 온전히 기쁘게 여기라"(약 1:2)라는 말씀이 헬라어로 확실히 일어날 일을 가정하는 제1가정법이라고 했다. "내일 아침에 해가 뜨거든"이라는 표현처럼 여러 가지 시험은 당연히 온다는 것을 강조하는 표현이다. 그럴 때 '놀라지 말라. 이상하게 여기지 말라. 그것을 온전히 기쁘게 여겨라'라고 말씀하시는 것이다.

여러 가지 시험을 당하는데 그것을 왜 기쁨으로 받아야 하는가?
바로 이 말씀 때문이다.

우리는 자꾸 "그리하면 주시리라"에만 밑줄 긋고 형광펜으로 칠
하면서 거기에만 초점을 둔다. 하지만 이 말씀에서 가장 복된 것은
내가 너무 난감하고 당황스러울 때, 내 주변에 나를 도와줄 사람이
아무도 없을 때, 하나님이 우리를 도와주시려고 대기하고 계신다는
사실이다.

아침에 해가 뜨는 것이 너무나 당연한 것처럼 우리 인생에 너무나
당연하게 찾아오는 어려움이 있을 때, 그것을 기쁘게 여길 수 있는
이유는 그 순간마다 하나님이 내 아버지이신 것을 확인할 수 있기
때문이다.

이것이 얼마나 복된 일인가? 그런데 우리는 '하나님께'라는 부분
은 작은 글씨로 쓰고 '구하면 주시리라'에만 자꾸 초점을 둔다. 구
하는 대로 다 주시는 분이시라면 그분은 내 아버지가 아니다. 우리
도 자녀가 구하는 대로 다 주지 않는다. 구하는 대로 막 주는 것은
아이를 망치는 길 아닌가? 아직 잘 걷지도 못하는 아이가 칼을 달
란다고 줄 부모가 어디 있는가? 그래서 아이들이 미숙할수록 열 가

지를 구하면 한 가지 들어줄까 말까이다.

그래서 "구하면 주시리라"라는 이 광의적인 말씀은 우리가 미숙하면 미숙할수록 '응답하지 않으시는 응답'으로 받아야 한다. 알라딘의 요술 램프처럼 쓱쓱 문지르면 펑 하고 나타나 소원을 들어주시는 게 아니다.

이 말씀에서 가장 중요한 초점은 우리의 아버지 되시는 '하나님'이다. 고난이 많으면 많을수록, 나의 문제를 나눌 곳이 아무 데도 없는 그때에도 내 아버지이신 하나님은 여전히 거기 계신다는 것을 확인하기 때문이다.

나는 모태신앙으로 자랐지만 내가 하나님을 진짜 인생의 구세주로 영접하고 인격적으로 만난 때는 내 인생에서 가장 절망적이고 아무도 내 사정을 알아주는 사람이 없었던 때였다. 그래서 여러 가지 시험을 만나는 게 축복일 수 있다고 확실히 말할 수 있다.

하나님 영역 아래 있어야 삶의 질서가 잡힌다

그리고 또 한 가지, 여러 가지 시험을 만날 때 그것을 기쁨으로 받고 하나님을 찾을 수 있도록 하나님의 영역 아래 있는 게 중요한 이유는, 우리가 하나님의 다스림 아래 있을 때에야만 내 삶과 나의 내면세계가 정돈되기 때문이다.

다윗을 생각해보아라. 그가 하나님의 다스림의 영역 아래 있을 때는 그의 삶이 얼마나 정돈이 잘 되어 있었는가? 전쟁이 자기를 위협하는 상황인데도 그는 늘 하나님께 물었다.

> 이에 다윗이 여호와께 묻자와 이르되 내가 가서 이 블레셋 사람들을
> 치리이까 여호와께서 다윗에게 이르시되 가서 블레셋 사람들을 치고
> 그일라를 구원하라 하시니 **삼상 23:2**

> 그 후에 다윗이 여호와께 여쭈어 아뢰되 내가 유다 한 성읍으로 올라
> 가리이까 여호와께서 이르시되 올라가라 다윗이 아뢰되 어디로 가리
> 이까 이르시되 헤브론으로 갈지니라 **삼하 2:1**

> 다윗이 여호와께 여쭈어 이르되 내가 블레셋 사람에게로 올라가리이
> 까 여호와께서 그들을 내 손에 넘기시겠나이까 **삼하 5:19**

전쟁의 위기 속에서도 혼란이 없다. 왜? 하나님이 계시기 때문
이다.

하나님께 의뢰하고 하나님께 묻는 인생의 가장 큰 특징은 '그래서
이렇게 많은 복을 받았다'보다 의뢰할 대상이 있다는 것, 그리고 그
분이 창조주 하나님이시라는 것이다. 그러니 삶에 혼란이 없다.

그런데 다윗이 교만해져서 엉뚱한 곳을 기웃거리자 이런 안정된
다윗과는 전혀 다른 다윗을 보게 된다. 유부녀와 성적으로 죄를 짓
는 상상할 수 없는 잘못을 저지른다. 하나님의 영역을 벗어나면 질

서가 사라진다.

백번 양보해서, 물론 양보하면 안 되지만, 유부녀와 성적으로 죄를 지을 수 있다고 치자. 삶의 질서가 있는 사람이라면 '아, 내가 무슨 짓을 했지? 내가 미쳤나?'라며 뉘우친다. 그런데 그 엄청난 짓을 저지르고도 다윗은 전혀 죄로 인식하지 못하고 상대 여자의 남편을 죽이는 살인 죄를 저지른다. 하나님의 영역 안에 있는 다윗과 하나님의 영역을 벗어난 다윗의 모습은 너무 다르다.

그렇기 때문에 예수 믿는 우리가 추구해야 하는 것은 늘 하나님의 영향력 아래에 있는 것이다. 그래서 나는 성도들에게 은퇴할 때까지 추해지지 않도록 기도해달라고 항상 부탁한다. 나의 의지력이 아니라 하나님의 영향력 아래 있는 자들이 누리는 은혜의 힘으로 승리할 수 있기 때문이다. 지금 내가 목회하는 것도 내 힘으로 하는 게 아니다. 하나님의 영역 아래 있기 때문에 이렇게 목회하고 있는 것이다. 영적으로 와이파이가 터지는 곳에 있기 때문에 사역하는 것이지, 영적으로 와이파이가 터지지 않는 곳에 가면 내 인생도 별수 없다. 그래서 우리는 항상 하나님의 영역 안에 있는지를 점검해야 한다.

또 하나의 악한 열매 - 이기적이고 탐욕적인 태도

아브라함은 기근을 만났을 때 그 문제를 하나님께 의뢰하지 아니하고 자기 방식대로 풀어나갔다. 앞 장에서 살펴봤듯이, 그 결과로 눈에 두드러지는 두 가지 열매가 있었는데, 하나는 '두려움'이고, 또 하나는 '거짓'이었다.

우리는 기계가 아니기 때문에 '나는 두려움이 하나도 없어요'라고 하면 그것은 거짓말이다. 우리는 항상 희로애락의 감정 아래 놓여 있는 인간이기 때문에 종종 두려움이 엄습한다. 하지만 새가 하늘을 나는 것은 어쩔 수 없지만 그 새가 내 머리에 둥지를 트는 것은 막을 수 있는 것처럼, 두려움이 내 머리에 둥지를 틀지 못하도록 막을 수는 있다. 그래서 '내 내면에 두려움이 많은가? 거짓이 많은가?'를 항상 점검해야 한다. 그것으로 내가 하나님의 영향력 아래 있는지 없는지를 판단할 수 있기 때문이다.

이렇게 두드러지는 악한 열매 말고도 하나님의 영역 아래 있지 않다는 것을 스멀스멀 드러내는 악한 증거가 하나 더 있다. 아브라함은 아내에게 이런 말을 했다.

원하건대 그대는 나의 누이라 하라 그러면 내가 그대로 말미암아 안전하고 내 목숨이 그대로 말미암아 보존되리라 하니라 **창 12:13**

여기에 나오는 '안전하고'는 히브리어로 '야타브'라는 단어이다. 이 단어는 '안전하다'라는 뜻도 있지만 '잘되다, 성공하다'라는 뜻도 있다. 새번역 성경이 이것을 잘 반영하여 번역했다.

"그러니까 당신은 나의 누이라고 하시오. 그렇게 하여야, 내가 당신 덕분에 대접을 잘 받고, 또 당신 덕분에 이 목숨도 부지할 수 있을 거요."

우리는 아브라함이 목숨을 부지하기 위해 아내를 누이로 속였다는 것만 생각하는데, 원어의 의미를 살려 번역해보니 그보다 먼저 나온 말이 "그렇게 하여야, 내가 당신 덕분에 대접을 잘 받고"이다. 무엇을 의미하는가? 아내를 이용하려는 이기적인 태도가 아브라함에게서 스멀스멀 올라오고 있다.

그리고 16절을 보면 아브라함은 원했던 대로 아내를 이용해서 잘살게 된다.

이에 바로가 그로 말미암아 아브람을 후대하므로 아브람이 양과 소와 노비와 암수 나귀와 낙타를 얻었더라 **창 12:16**

'그로 말미암아'에서 '그'가 누구인가? 아브라함의 아내이다. 왜 이렇게 강조했을까? 그리고 '바로가 그로 말미암아 아브람을 후대하므로 많은 재물을 얻었더라'라고 해도 될 것을 왜 받은 물품을 하나하나 구체적으로 적시했을까? '그로 말미암아'를 강조하기 위해서다.

여기서 거래 관계가 느껴지지 않는가? 하나님의 영역을 벗어나면 두드러지게 드러나는 두려움과 거짓이라는 악한 열매도 있지만, 사실 더 무서운 것은 겉으로 드러나진 않지만 내 안에서 스멀스멀 피어오르는 이기적이고 탐욕적인 태도이다.

이런 면에서 우리는 "복이 될지라"라는 잣대를 가지고 우리 자신을 점검해야 한다. 우리가 복이 되지 못하고 아브라함같이 이기적이고 탐욕적인 생각이 스멀스멀 올라온다면, 그것은 적신호다. 지금 하나님의 영역을 자꾸 벗어나고 있다는 뜻이다.

하나님의 영역을 벗어난 부작용

하나님의 다스림을 벗어난 사람에게 맺히는 거짓과 두려움, 자신만 아는 이기적인 탐욕이라는 악한 열매 외에도 나는 아브라함을 보면서 하나님의 다스림을 벗어난 까닭에 생기는 두 가지 외적인 부작용을 발견했다.

타인에게 재앙을 초래함

첫째는 복의 통로 역할은커녕 '타인에게 재앙을 초래하는 것'이다.

여호와께서 아브람의 아내 사래의 일로 바로와 그 집에 큰 재앙을 내리신지라 **창 12:17**

심각한 말씀이다. 이게 있을 수 있는 일인가? 아브라함과 하나님의 첫 출발은 "너는 복이 될지라"였다. 복을 흘려보내라는 것보다 더 정확한 것은 '너 자체가 복'이란 뜻이다. 그래서 네가 들에 가면

들에 있는 사람이 너 때문에 복을 받는 것이고, 네가 산에 가면 산에 있는 사람이 너 때문에 복을 받게 된다는 것이다. 그것이 "복이 될지라"의 의미다. 내가 여기에 있음으로 말미암아 내 주변 사람들이 복을 받아야 한다는 것이다.

그런데 지금 아브라함의 모습을 보라. 복의 통로가 되라고 했는데 완전히 짐 덩어리가 돼버렸다. 이것이 첫 번째 부작용이다.

이방인에게 꾸지람 듣는 수치를 겪음

하나님의 영역을 벗어난 아브라함이 겪은 두 번째 부작용은 '이방인에게 꾸지람 듣는 비참한 수치'를 겪어야 했다는 것이다.

> 바로가 아브람을 불러서 이르되 네가 어찌하여 나에게 이렇게 행하였
> 느냐 네가 어찌하여 그를 네 아내라고 내게 말하지 아니하였느냐 네
> 가 어찌 그를 누이라 하여 내가 그를 데려다가 아내를 삼게 하였느냐
> 창 12:18,19

개역개정 성경에서는 "바로가 아브람을 불러서 이르되"라고 점잖게 표현했는데, 새번역 성경으로 보면 "바로가 아브람을 불러서 꾸짖었다"라고 되어 있다. 꾸짖으려고 부른 것이다.

바로가 세 번에 걸쳐 직격탄을 날리고 있는데 재밌는 게 아브라함의 반응이 없다. 한마디도 없다. 이것을 사자성어로 표현하면 '유

구무언'(有口無言)이다. 입은 있으나 할 말이 없는 것이다. 이 장면을 생각할 때마다 나는 가슴이 아프다.

구약의 선지자 요나에게도 비슷한 일이 있었다. 하나님께서 니느웨로 가서 외치라고 말씀하시는데 요나가 불순종하며 하나님을 피해 엉뚱한 곳으로 배를 타고 도망가다가 풍랑을 만났다. 그 위기 속에 배 밑창에 내려가서 잠을 자고 있는데, 요즘으로 치면 예수 안 믿는 선장에게 꾸지람을 듣는다.

> 마침 선장이 그에게 와서, 그를 보고 소리를 쳤다. "당신은 무엇을 하고 있소? 잠을 자고 있다니! 일어나서 당신의 신에게 부르짖으시오. 행여라도 그 신이 우리를 생각해준다면, 우리가 죽지 않을 수도 있지 않소?"
>
> 욘 1:6, 새번역

오늘 이 시대 한국교회의 모습 아닌가? 하나님께서는 세상을 치유하라고 교회를 세워주셨다. 하나님께서는 세상의 복이 되라고, 세상을 걱정하라고 교회를 세워주셨는데, 지금은 세상이 교회를 걱정한다.

'교회가 이러면 안 되는데. 교회가 이런 부끄러운 일로 뉴스에 나오면 어떡하나? 목사님이 저러면 안 되는데….'

이게 오늘의 현실 아닌가? 하나님 안 믿는 선장이 요나에게 했던 얘기 그대로다.

"당신은 무엇을 하고 있소? 잠을 자고 있다니!"

선장이 했던 이 말은 "아니, 무슨 교회가 이래? 무슨 크리스천이 이래? 무슨 목사가 기도를 안 해?"라는 말과 같다. 목사가, 교회가, 크리스천이 대놓고 악한 짓 하고 성적으로, 물질적으로 죄짓는 것만 죄가 아니다. 무능한 상태, 무기력한 상태, 자고 있는 상태도 똑같이 추궁당할 죄라는 사실을 알아야 한다.

우리가 하나님의 영역을 이탈하면 아무리 믿음의 조상 아브라함이라 할지라도 세상 사람 바로에게 꾸지람을 듣고, 그 앞에서 유구무언일 수밖에 없다. 아무리 선지자라 할지라도 하나님 안 믿는 선장이 '기도도 안 하고 뭐 하느냐'라고 추궁할 때 변명조차 할 수 없는 수치에 빠지게 된다.

위기 상황을 극복하는 두 가지 조건

우리가 지금 어찌 보면 아브라함 생애에 가장 초라하고 비참했던 순간 중 하나를 살펴보았다. 그런데 참 감사하게도 여러 가지 시험을 만나면 오히려 기쁘게 여길 이유를 여기서 발견하게 된다. 아브라함에게 가장 비참한 순간, 가장 수치스럽고 답이 안 나오는 절망적인 상황이 사실은 회복이 도래하고 있는 상황이기 때문이다. 이것이 우리에게 희망이 된다.

여기서 주목해야 할 포인트는 이것이다. 자기 힘으로는 수습이 안 되는 유구무언의 상태에서 어떻게 회복이 일어났는가? 위기 상황을 극복하는 두 가지 조건이 있다.

선(先), 하나님의 개입하심

위기 상황을 회복하기 위한 첫 번째 조건은 '선(先), 하나님의 개입하심'이다. 하나님이 먼저 개입해주서야 한다는 말이다. 17절을 다시 보자.

"여호와께서 아브람의 아내 사래의 일로 바로와 그 집에 큰 재앙을 내리신지라."

여기서부터 하나님의 수습이 시작된다. 참 아이러니하면서도 홍미로운 것이, 아브라함이 추할 대로 추해진 이 상황은 하나님이 개입하셨기 때문에 생긴 일이라는 것이다.

하나님이 개입 안 하셨으면 아브라함이 인간적으로 원하는 것이 다 이루어졌다. 수많은 가축을 선물로 받고 떵떵거리며 살았을 것이다. 그런데 하나님의 개입하심으로 말미암아 바로와 그 집에 재앙을 내리셨기 때문에 아브라함에게 수치가 온 것이다. 얼마나 아이러니한 일인가.

너무 아이러니한 이 모습이 진짜 복이 되기 위한 중요한 조건이다. 아브라함 입장에서는 하나님의 개입하심이 굉장히 힘들고 불편했을 것이다. 하나님이 개입하셔서 일을 그르쳤다. 수치를 당하는 자리에 빠지게 되었다. 아브라함의 계획대로 '목숨 건지고 부자 되어서 잘 먹고 잘살았다'로 끝날 수도 있었는데, 하나님이 개입하셔서 불편한 일이 초래됐다. 그런데 사실은 이것이 가장 큰 하나님의 축복이다.

> 하나님을 알되 하나님을 영화롭게도 아니하며 감사하지도 아니하고 오히려 그 생각이 허망하여지며 미련한 마음이 어두워졌나니 스스로 지혜 있다 하나 어리석게 되어 썩어지지 아니하는 하나님의 영광을 썩어질 사람과 새와 짐승과 기어다니는 동물 모양의 우상으로 바꾸었느니라 그러므로 하나님께서 그들을 마음의 정욕대로 더러움에 내버려두사 **롬 1:21-24**

아브라함이 원했던 게 이것이었을까? 아내를 팔아서 얻은 더러운 가축들을 가지고 떵떵거리며 사는 상태로 내버려두기를 원하는 사람이 있는가?

> 또한 그들이 마음에 하나님 두기를 싫어하매 하나님께서 그들을 그 상실한 마음대로 내버려두사 합당하지 못한 일을 하게 하셨으니 **롬 1:28**

십자가 보혈로 하나님의 자녀가 된 우리는 결정적으로 이것을 알아야 한다. 우리 하나님은 절대로 내버려두지 않으시는 하나님, 절대로 방치하지 않으시는 하나님, 비록 그 일이 아브라함을 일시적으로 수치에 빠트리고, 평생 잊을 수 없는 치욕의 순간이 된다고 할지라도 망설임 없이 개입하는 분이심을 알아야 한다. 이것이 축복인 줄 믿기 바란다.

비록 아브라함이 이방인 바로에게 꾸지람을 듣는 수치를 겪지만, 하나님의 개입하심으로 견디기 어려운 수치, 모멸감, 무너진 자존감이 선행적으로 일어난 다음에 회복이 일어났다.

> 네가 어찌 그를 누이라 하여 내가 그를 데려다가 아내를 삼게 하였느냐 네 아내가 여기 있으니 이제 데려가라 하고 **창 12:19**

나는 여기에 나와 있는 "네 아내가 여기 있으니 이제 데려가라 하고"라는 부분을 보면서 창세기 1장 2,3절이 떠올랐다.

"땅이 혼돈하고 공허하며 흑암이 깊음 위에 있고 하나님의 영은 수면 위에 운행하시니라 하나님이 이르시되 빛이 있으라 하시니 빛이 있었고."

창조 이전의 세계는 혼돈이다. 혼란이다. 흑암이다. 그런 흑암의 세계에 하나님의 개입하심, 즉 "빛이 있으라"라고 하시는 하나님의 말씀하심이 있자 빛이 있었다.

그래서 우리가 인생에서 가장 간절히 구해야 하는 것 중 하나가 하나님의 개입하심이다. 하나님의 방법대로 일하지 않는 모든 것에 하나님이 개입해주셔야 한다. 수치심 가운데로 몰고 가시는 하나님께 감사하기를 바란다. 하나님의 개입하심을 피해 도망가서 위장된 평화 속에 살아가다가 결정적인 순간에 미끄러지지 않기를 바란다.

후(後), 초심의 회복

위기 상황을 회복하기 위한 두 번째 조건은 '후(後), 초심의 회복'이다.

> 아브람이 애굽에서 그와 그의 아내와 모든 소유와 롯과 함께 네게브로 올라가니 아브람에게 가축과 은과 금이 풍부하였더라 그가 네게브에서부터 길을 떠나 벧엘에 이르며 벧엘과 아이 사이 곧 전에 장막 쳤던 곳에 이르니 그가 처음으로 제단을 쌓은 곳이라 그가 거기서 여호와의 이름을 불렀더라 **창 13:1-4**

하나님께 의뢰하지 않고 내 생각, 내 방식대로 궤도에서 이탈한 인생이 하나님의 개입하심으로 수치를 당하고 부끄러움에 빠지고 말로 다 할 수 없는 억장이 무너지는 일을 겪을 때, '아, 이것이 하나님이 개입하시는 일이구나'라고 깨닫고 감사하는 것이 초심으로 돌아가는 것이다.

탄천에서 운동을 하다 보면 가끔 지렁이가 아스팔트 위로 쏟아져 나와서 꿈틀거리는 것을 볼 때가 있다. 시간이 좀 더 지나면 비참하게 말라 죽어 있다. 지렁이들이 왜 그렇게 비참하게 꿈틀거리게 됐을까? 궤도를 이탈해서 그렇다. 지렁이가 아스팔트로 나오면 어떡하나? 그 지렁이에게 가장 큰 복은 누군가 그 지렁이를 원래 진흙으로 옮겨주는 것이다.

지렁이를 집어서 진흙으로 옮기는 사이에 지렁이는 얼마나 아프겠는가? 거칠고 바싹 마른 아스팔트 위에서 안 그래도 상처가 많을 텐데 말이다. 하지만 그 고통이 있어야 지렁이는 다시 살 수 있다. 우리가 하나님께 받는 징계가 사실은 원래의 자리로 돌려주시려는 하나님의 일하심인 줄 믿기 바란다.

하나님의 개입하심, 이것이 항상 먼저다. 하나님은 '너희가 알아서 해'라고 하시고는 내버려두지 않으신다. 하나님이 개입하신 은혜가 느껴지면 우리는 4절 말씀으로 돌아가야 한다.

"그가 처음으로 제단을 쌓은 곳이라 그가 거기서 여호와의 이름을 불렀더라."

선(先), 하나님의 개입하심
후(後), 초심의 회복이라는 우리의 반응

이러면 회복이 되는 것이다.

기도로 하나님의 회복해주심을 확인하라

지금이야말로 하나님께 간구할 때인 줄 믿기 바란다. 어떻게 하다가 궤도를 이탈해서 아스팔트 위에서 너무너무 고통스럽게 뒹굴고 있는 지렁이 같은 인생이라도 회복은 가능하다. 회복은 반드시 가능하다. 왜? 하나님의 개입하심이 내 인생에 있기 때문이다. 그것을 확인하는 도구가 기도다.

> 내가 여호와께 간구하매 내게 응답하시고 내 모든 두려움에서 나를 건지셨도다 시 34:4

우리가 어려운 일을 당하고 시험에 빠질 때 왜 기도의 자리로 나가야 하는지 여기에 답이 나와 있다

> 일을 행하시는 여호와, 그것을 만들며 성취하시는 여호와, 그의 이름을 여호와라 하는 이가 이와 같이 이르시도다 너는 내게 부르짖으라 내가 네게 응답하겠고 네가 알지 못하는 크고 은밀한 일을 네게 보이리라 렘 33:2,3

우리가 난감한 일을 당할 때 왜 기도의 자리로 나가야 하는가? 우리가 기도의 자리로 나가면 내가 꿈도 꾸지 못했던 하나님의 방법이, 꿈도 꾸지 못했던 하나님의 대안이 거기에 있기 때문이다.
"네가 알지 못하는 크고 은밀한 일을 네게 보이리라."
그 은혜 때문에 우리가 여기까지 오며 살 수 있었던 것 아닌가?

내일 아침에 해가 반드시 뜨는 것처럼 내 인생에도 반드시 크고 작은 어려움과 고난이 찾아온다. 그렇기 때문에 살아가다 고난이 찾아오면 '왜 내게 이런 일이 찾아오는가?'라는 질문에 너무 많은 에너지를 쏟지 말아야 한다.

고난이 찾아오면 억지로라도 그 사실을 인정하고 수용해야 한다. 그리고 기쁨으로 받아야 한다. '내가 버려진 존재가 아니네. 의뢰할 분이 계시네. 그분이 나를 인도하시는 하나님이심을 드러낼 기회가 왔네?'라고 받아야 한다.

그러고는 기도라는 도구를 가지고 하나님 앞으로 나아가야 한다. 이렇게 내가 만난 어려운 문제를 가지고 하나님께 나아가면 하나님은 우리의 기도를 들으시고는 우리가 "알지 못하는 크고 은밀한 일"을 보여주신다.

기도해야 한다. 그래야 내 방식으로는 절대 풀 수 없었던 일을 풀어주시는 하나님, "네가 알지 못하는 크고 은밀한 일"을 보여주시는 그 하나님을 대면하게 되기 때문이다.

우리가 이제 철 좀 들어야 한다. 나폴레옹이 "내 사전에 불가능은 없다"라고 했는데, 하나님이 보시기에 얼마나 철없는 말인가? 철이 들면 "이 세상을 살아가는 동안에 나의 힘을 의지할 수 없나니"라고 고백하게 된다. 이것을 깨닫는 것도 중요하지만 더 중요한 것을 깨달아야 한다. 바로 기도이다. 기도의 자리로 나가야 한다. '내가 무능하구나. 별 볼 일 없는 인생이구나'라고 깨닫고 끝나면 차라리 안 깨닫는 게 낫다. 열등감에 빠져 괴롭다가 끝내면 안 되지 않는가?

이 세상을 살아가는 동안에 나의 힘을 의지할 수 없음을 깨달았으면 기도하고 낙심하지 말아야 할 것은 주님이 우리의 참 소망이 되시기 때문임을 알아야 한다.

'내가 참 초라한 인생이었구나'라는 것을 깨닫는 쓰라림이 있는 동시에 주님이 내게 참 소망이 되심을 알아 그분께 기도로 나아가기를 바란다. 그분이 우리에게 개입하시어 회복의 자리로 이끌어가신다.

창세기 13:5-13

5 아브람의 일행 롯도 양과 소와 장막이 있으므로 6 그 땅이 그들이 동거하기에 넉넉하지 못하였으니 이는 그들의 소유가 많아서 동거할 수 없었음이니라 7 그러므로 아브람의 가축의 목자와 롯의 가축의 목자가 서로 다투고 또 가나안 사람과 브리스 사람도 그 땅에 거주하였는지라 8 아브람이 롯에게 이르되 우리는 한 친족이라 나나 너나 내 목자나 네 목자나 서로 다투게 하지 말자 9 네 앞에 온 땅이 있지 아니하냐 나를 떠나가라 네가 좌하면 나는 우하고 네가 우하면 나는 좌하리라 10 이에 롯이 눈을 들어 요단 지역을 바라본즉 소알까지 온 땅에 물이 넉넉하니 여호와께서 소돔과 고모라를 멸하시기 전이었으므로 여호와의 동산 같고 애굽 땅과 같았더라 11 그러므로 롯이 요단 온 지역을 택하고 동으로 옮기니 그들이 서로 떠난지라 12 아브람은 가나안 땅에 거주하였고 롯은 그 지역의 도시들에 머무르며 그 장막을 옮겨 소돔까지 이르렀더라 13 소돔 사람은 여호와 앞에 악하며 큰 죄인이었더라

7 chapter

믿음의 사람은
정확한 대안을 제시한다

세상에서 가장 어려운 일

생텍쥐페리가 쓴 《어린 왕자》에 보면 주옥같은 명언들이 많이 나온다. 그중의 하나가 이것이다.

"세상에서 가장 어려운 일은 사람의 마음을 얻는 일이다."

나이가 들수록 진짜 명언이라고 느낀다. 세상에 어려운 일이 많지만 가장 어렵고도 어려운 게 사람의 마음을 얻는 것이다. 그래서 우리가 만나는 여러 가지 시험 중에 대부분이 사람에게서 오는 시험이다. 이것이 우리를 가장 힘들게 하고 가장 치명적이다.

살아갈수록 대인관계가 참 힘들다. 도대체 사람의 속을 알 수가 없다. 특히 교회에서 만나는 사람들은 늘 덕담을 나누고 좋은 이야기하는 데 익숙하다 보니까 속을 잘 드러내지 않는다. 그래서 갈수록 알 수 없는 게 사람 속이라는 생각을 하게 된다.

그러나 포기할 수 없는 일

대인관계를 잘 맺는 게 아무리 어렵다고 하더라도 예수 믿는 우리는 그것을 절대 포기할 수 없다. 왜냐하면 하나님은 우리의 믿음을 대인관계를 통해서 점검하기 원하시기 때문이다.

'내가 지금 영적으로 얼마나 충만한가?'

이것은 영적인 문제이기 때문에 눈으로 확인하기 어려운데, 하나님은 사람과의 관계를 통해서 우리의 영적인 상태를 점검하기를 원하신다.

사도행전에 나오는 초대교회의 경우를 봐도 알 수 있다.

하나님을 찬미하며 또 온 백성에게 칭송을 받으니 주께서 구원받는 사람을 날마다 더하게 하시니라 **행 2:47**

여기 보면 맨 먼저 나오는 게 "하나님을 찬미하며"이다. 이것은 대신(對神)관계 아닌가? 하나님과의 관계이다. 하지만 그것으로 끝나지 않는다. 하나님만 찬미하는 것에서 끝나지 않고 바로 다음에 나오는 것이 "온 백성에게 칭송을 받으니"이다. 이것은 대인(對人)관계이다. 아무리 하나님 앞에 예배 잘 드리고 찬양 잘 하고 하나님과의 관계가 충만해도 사람과의 관계가 올바르지 않으면 그것은 영적인 상태가 좋지 않다는 뜻이다.

하나님과의 관계에서 하나님을 찬미하고 온 백성에게 칭송을 받는 대신관계와 대인관계, 이 두 가지 조화가 잘 이루어질 때 하나님께서는 그런 교회를 성숙한 교회라고 인정해주신다.

영적 성숙으로 대인관계의 물꼬를 트라

구약의 요셉도 마찬가지 아닌가? 어린 나이에 형들에 의해 애굽으로 팔려 간 요셉은 삶 자체가 고난이었다. 하지만 요셉은 그 고난을 하나님 앞에 영적으로 충만하고 성숙해지는 방향으로 잘 활용했던 대표적인 인물이다.

그랬더니 요셉의 이 영적인 충만함이 대인관계의 성숙으로 드러난다. 나중에 형들이 복수할까 봐 두려워 벌벌 떨고 있을 때 요셉이 형들에게 뭐라고 했나?

> 당신들이 나를 이곳에 팔았다고 해서 근심하지 마소서 한탄하지 마소서 하나님이 생명을 구원하시려고 나를 당신들보다 먼저 보내셨나이다 **창 45:5**

요셉이 영적으로 성숙한 것이 틀림없다는 사실이 대인관계에서 드러난다. 하나님이 그 관계에 영향을 미치고 계셨기 때문이다. 대인관계가 나와 너의 관계로만 끝났으면 아마 대부분의 관계가 처음

엔 좋았다가 끝은 다 나빠질 것이다. "머리 검은 짐승은 거두지 마라"라는 말에 많은 사람이 공감하듯이 죄성을 가진 우리는 서로에 대해 신실하게 대할 실력이 애당초 없는 사람들이다.

그러기 때문에 요셉처럼 항상 영적인 충만함이 대인관계의 물꼬가 되어야 한다. 논에 물을 댈 때 저수지의 물이 아무리 많아도 물꼬를 터서 내 논으로 끌어들이지 않으면 아무 소용 없다. 그렇듯이 우리는 영적인 충만함을 대인관계를 잘 이끌어가는 쪽으로 흘려보내야 한다.

그래서 결혼한 사람이라면 부부관계가 내 영적인 상태를 점검하는 잣대가 된다. 내 아내와 내 남편을 어떤 태도로 대하고 어떤 마음으로 대하느냐가 자신의 영적 상태를 보여줄 때가 많다.

하나님이 아브라함을 부르시면서 주신 말씀으로도 대인관계와 대신관계를 볼 수 있다.

> 내가 너로 큰 민족을 이루고 네게 복을 주어 네 이름을 창대하게 하리
> 니 너는 복이 될지라 너를 축복하는 자에게는 내가 복을 내리고 너를
> 저주하는 자에게는 내가 저주하리니 땅의 모든 족속이 너로 말미암아
> 복을 얻을 것이라 하신지라 **창 12:2,3**

복을 주시는 것은 대신관계, 하나님과 우리와의 문제이다. 그러나 그것으로 끝내지 않고 "너는 복이 될지라"라고 하시면서 "땅의

모든 족속이 너로 말미암아 복을 얻을 것"이라고 하시며 대인관계로 그 복이 흘러갈 것을 말씀하고 계신다. 이런 관점에서 본문을 살펴보자.

초심 회복되자 대인관계 시험

아브라함이 하나님의 다스림의 영역을 벗어나 제멋대로 판단하고 행동함으로 애굽에 내려가서 많은 부작용을 겪었는데, 결국은 하나님의 개입하심의 은혜로 초심을 회복하게 되었다. 그것이 창세기 13장 4절 말씀이다.

> 그가 처음으로 제단을 쌓은 곳이라 그가 거기서 여호와의 이름을 불렀더라 **창 13:4**

그런데 하나님과의 관계가 회복되자마자 어떤 일이 벌어지는가? 바로 대인관계의 문제를 가지고 하나님이 테스트하시는 장면이 나온다.

> 그러므로 아브람의 가축의 목자와 롯의 가축의 목자가 서로 다투고 또 가나안 사람과 브리스 사람도 그 땅에 거주하였는지라 **창 13:7**

초심을 회복하고 하나님의 이름이 다시 선포되는 그 놀라운 일이 기록된 말씀 바로 다음에 아브라함의 목자들과 조카 롯의 목자들이 다투는 일이 기록되어 있는데, 이것이 하나님의 테스트라는 것이다. 아침이면 해가 뜨듯이 반드시 하나님의 테스트도 계속 이루어지는데, 하나님과의 관계를 회복하고 은혜로 충만한 아브라함이 어려운 관문에 맞닥뜨렸다.

우리에게도 이런 일이 종종 벌어지지 않는가? 새벽기도 마치고 성령 충만해져서 뜨거운 가슴으로 집에 들어가면 아내가 '롯'이 되어 있다. 아니면 회사에 갔더니 '롯'이 기다리고 있다. 아침에는 충만했는데, 온 세상 사람 다 사랑할 수 있을 것 같았는데 회사에 꼴 보기 싫은 사람 한 명이 딱 나타나니 새벽에 충만했던 은혜는 순식간에 다 사라져버린다.

아브라함은 이 대인관계 테스트에서 너무나 성숙한 모습을 보여주는데, 그 모습을 보면서 우리가 얻어야 하는 메시지가 무엇인가? 우리가 충만함을 가지고 꼭 기억하고 이뤄야 하는 것이 대인관계에서 오는 시험들을 성숙함으로 대처해야 한다는 것이다. 이것을 기억하며 이 장면을 조금 더 자세히 살펴보자.

다툼의 원인

아브라함의 목자들과 롯의 목자들이 서로 다투는데, 다툼의 원인이 무엇인가?

> 아브람의 일행 롯도 양과 소와 장막이 있으므로 그 땅이 그들이 동거
> 하기에 넉넉하지 못하였으니 이는 그들의 소유가 많아서 동거할 수 없
> 었음이니라 **창 13:5,6**

소유가 많아졌기 때문이다. 수필가 토머스 칼라일이 이런 말을 했다고 한다.

"역경은 때로 사람을 곤경에 몰아넣는다. 하지만 역경을 견디는 자가 백 명이라면, 번영을 견디는 자는 한 명에 불과하다."

무슨 의미인지 알겠는가? 많은 연단이 있고, 그 연단이 힘든 것은 사실이지만, 그 연단은 이겨낼 수 있다. 진짜 힘든 것은 번영을 이겨내는 일이다. 그래서 물질적으로 부를 이루고도 하나님 앞에 영적으로 성숙한 분들을 보면 저절로 존경이 간다. 교회도 그렇고 개인도 그렇고 재산이 많아지면 어려워지고, 다툼의 원인이 된다.

내가 부모님을 참 잘 만났다고 생각하는 것 중의 하나가 만 원짜리 한 장 물려받을 게 없다는 것이다. 그 덕분에 우리 오 남매가 얼마나 화목한지 모른다. 우리집 세 아이도 곧 나에게 고마워하리라 생각한다. 그래서 나는 '유산 안 남기기 운동'과 같은 것들이 결국은 자녀를 살리는 일이라고 생각한다.

장애인과 사회적 약자들을 돕고 지친 자들을 위한 쉼터로 조성된 '가평우리마을'은 한 권사님이 장애인과 약자를 위해 사용해달라고 평생 모은 재산을 헌금해주시면서 시작되었다. 그 소식을 듣고 한

집사님 부부가 2만 평 땅을 기증해주었는데, 그곳이 가평우리마을
이 된 것이다.

그 땅을 기증해준 집사님 부부를 만났더니 놀라운 이야기를 했
다. 땅을 자식들에게 물려주면 아이들에게 해가 될 테니 누구에게
줘야 하나 한동안 땅 주인을 못 찾고 있었는데, 그 권사님의 소식을
듣고 주인을 찾았다면서 교회로 문서를 가지고 왔다는 것이다.

이 정신이 무엇인지 알겠는가? 소유가 많아지고, 재산을 많이 물
려주면 그것이 자녀들을 편하게 해주는 측면도 분명 있지만, 큰 위
험을 초래할 수도 있다는 것을 인식해야 한다.

어쨌든 아브라함의 목자들과 조카 롯의 목자들이 소유가 많아
진 까닭에 다툼이 생겼다. 그런데 예배가 회복되고 영적으로 충만
했던 아브라함이 이 대인관계의 문제를 풀어나가는 방식이 너무 성
숙하다.

아브라함이 대인관계에서 보여준 성숙함을 세 가지로 정리해봤다.

전제는 평화의 정신

아브라함이 대인관계에서 보여주는 성숙의 첫 번째는, 그가 이 문
제를 풀어가는 데는 '평화의 정신'이라는 큰 전제가 있었다는 것이
다. '평화의 정신'이라는 이 가치, 이 전제가 필요하다.

다툼의 소식을 들은 아브라함은 8절에서 이런 선포를 한다.

아브람이 롯에게 이르되 우리는 한 친족이라 나나 너나 내 목자나 네 목자나 서로 다투게 하지 말자 창 13:8

이 전제가 얼마나 중요한가? 무엇을 추구할 것인가 하는 전제가 모든 것을 말해준다. 교회도 교회가 추구하는 게 무엇이냐는 전제가 정말 중요하다.

아브라함의 가장 큰 전제는 '다투지 말자'는 것이었다. 이것이 참 중요한 게, 우리가 잘 아는 산상수훈에 나오는 팔복을 보자.

평화를 이루는 사람은 복이 있다. 하나님이 그들을 자기의 자녀라고 부르실 것이다. 마 5:9, 새번역

이것을 놓치면 안 된다. "평화를 이루는 사람은 복이 있다." 왜 복이 있는가? "하나님이 그들을 자기의 자녀라고 부르실 것"이기 때문이다. 하나님 자녀의 강력한 특징은 평화를 이루는 것이다.

이 부분이 영어성경 NIV에는 '피스메이커'(peacemakers)라고 되어 있다. 하나님을 알기 전에 혹은 은혜받기 전에는 트러블 메이커(trouble maker)였던 우리가, 사사건건 남의 약점을 정확하게 찾아내는 능력으로 매사에 복잡했던 우리가, 하나님의 은혜로 하나님의 자녀가 된 후로 누리는 가장 강력한 복 중의 복이 '피스메이커'가 되는 것이다.

내 소원이 피스메이커가 되는 것이다. 내가 가면 다툼이 없어지고, 분쟁이 사라지는 일들이 일어나는, 그런 사람이 되기를 소원한다. 그래서 한때는 미국으로 돌아가 어려움을 겪는 이민 교회들을 섬기고 수습하는 사역을 하면 좋겠다는 생각을 한 적도 있다. 내가 분당우리교회에 있든 다른 사역지로 옮기든 내 기준은 딱 하나다.

'내가 필요하다면! 내가 그곳에서 피스메이커의 역할을 할 수 있다면!'

원칙을 정하는 것이 중요하다. 피스메이커로서의 내 역할이 끝나면 가차 없이 나를 필요로 하는 곳, 내가 평화를 이루는 피스메이커가 되는 곳으로 갈 것이다. 이 기준을 가지고 있으니 무엇을 결정하든 혼란이 없다.

부탁한다. 하나님의 사람인 우리 삶의 가장 중요한 전제는 '평화의 정신'이어야 한다. 이 전제를 가지고 모든 것을 판단하게 되기를 바란다.

> 모든 사람과 더불어 화평함과 거룩함을 따르라 이것이 없이는 아무도 주를 보지 못하리라 히 12:14

거룩과 순결을 이루는 것도 너무나 중요하지만, 그것만이 아니라 거룩과 순결을 구비한 우리가 화평함을 이루어야 한다. 거룩을 이루기 위해 평화를 빼앗는 일을 하면 안 된다. 피스메이커의 역할로 거룩이 이루어질 수 있음을 경험하는 우리가 되기를 바란다.

몸소 가르쳐준 교훈

얼마 전 어느 태권도 관장이 아이들을 집에 데려다주려고 차에 태우는 과정에서 '묻지 마 폭행'을 당했다는 뉴스를 보았다. 어떤 사람이 느닷없이 달려들어서 얼굴 위주로 무차별 공격을 가했는데, 그 뉴스 영상을 보면서 감동과 전율이 느껴졌다. 자기 제자들이 버스 안에서 창문으로 다 보고 있는데 이 관장님은 상대방을 한 번에 제압할 수 있는 실력을 갖췄음에도 방어만 해서 엄청나게 두들겨 맞았다. 그날 태권도 사범은 그 아이들 평생에 잊히지 않는 중요한 메시지를 던져준 것이다. '태권도의 정신은 폭행하는 것 아니다, 보복하는 것이 아니다'라는 너무나 중요한 것을 가르쳐주었다.

똑같은 기준으로 분당우리교회를 개척할 때 하나님이 그 태권도 사범처럼 나를 가르치셨다. 맨 처음에 상가 4층을 계약하고 인근 교회를 다니면서 양해를 구했다. 그런 와중에 한두 교회에 인사를 못 갔는데 그 교회 중 한 교회에서 문제로 삼았다. "이찬수 목사가 여기 오면 우리 다 죽는다. 절대 이 지역에다 개척하는 것을 허락할 수 없다"며 강경하게 말씀하시던 그 목사님의 말씀이 나는 아직도 뼈아프다.

그러고는 고뇌의 시간에 빠졌다. 이미 계약금 다 냈고, 임대료, 관리비도 내야 하는 상황인데 들어오지 말라니. '내가 계약했는데 왜 들어오지 말라고 하느냐'는 마음의 저항이 많이 일어난 그때, 하나님이 그 태권도 관장님처럼 어린 나에게 주셨던 지침이 있었다.

'누가 옳은지 그른지 따지지 말고 이웃 교회와 싸우면 안 된다. 어떤 경우라도 이웃 교회와의 다툼으로 교회를 시작하면 안 된다.'

너무나 중요한 지침을 주셨기 때문에 비록 괴로운 시간을 보냈지만 기쁘게 그 장소를 포기할 수 있었다. 그렇게 가슴 아픈 시간을 보내며 포기라는 순종이 가져온 복이 우리가 지금도 예배드리고 있는 송림중고등학교다. 70평을 포기했더니 만 평을 주신 것이다.

어떤 경우라도 분쟁, 다툼은 안 된다. 이것이 아브라함이 보여준 첫 번째 성숙이다.

양보의 정신으로 실천하다

아브라함이 보여준 두 번째 성숙은 그렇게 큰 전제인 평화의 정신을 너무나 놀라운 '양보의 정신'으로 실천했다는 것이다.

조카 롯을 향한 아브라함의 양보는 9절을 보면 잘 알 수 있다.

네 앞에 온 땅이 있지 아니하냐 나를 떠나가라 네가 좌하면 나는 우하고 네가 우하면 나는 좌하리라 **창 13:9**

나는 이 말씀에서 너무나 중요한 원리를 깨닫는다. 우리의 문제가 무엇인지 아는가? 우리는 총론이 너무 강하다.

'맞아, 피스메이커 좋은 거지. 평화의 정신 구현해야지. 상대방이 양보하면 이게 될 텐데.'

우리의 모습이 이렇지 않은가? 그러나 피 흘림이 축복이다. 'Bleeding is Blessing'이란 말이 있지 않은가? 십자가의 정신은 피 흘림이다. 희생이다. 우리는 그것이 축복이라는 것을 알면서도 실천을 안 한다. 늘 선포는 잘한다. '평화를 이루어야지요! 피스메이커가 되어야 해요!' 하며 선포는 잘하는데 양보는 죽어도 안 한다.

'일만성도 파송운동'을 이루는 과정에서도 후배 목사가 전화해서 "목사님, 너무 힘드시지요?"라고 하길래 딱 한 마디 했다.

"해보니까 총론은 너무 쉬운데, 정신을 나누는 건 너무 쉬운데, 각론이 좀 어렵다."

피스메이커가 되고 싶은가? 평화를 구현하는 존재로서의 삶을 선포하고 싶은가? 희생 없이는 불가능하다. 양보 없이는 불가능하다.

"네가 좌하면 나는 우하겠다."

이것이 우리의 평화를 만든다. 서로 다투지 않기 위해서는 내가 양보해야 한다. 우리가 양보해야 한다. '네가 양보해야 한다'고 해서는 답이 안 나온다.

사랑은 논리를 뛰어넘는다

사실 서열상 아브라함이 어른이다. 아브라함이 삼촌 아닌가? 더

구나 결정적으로 "이에 아브람이 여호와의 말씀을 따라갔고 롯도 그와 함께 갔으며"(창 12:4)를 봐서도 알 수 있듯이, 롯이 그런 부를 이루게 된 것도 삼촌인 아브라함 덕분이었다. 그렇다면 아브라함이 당당하게 말할 수 있었던 것 아닌가?

"너 삼촌 잘 만나서 이런 부를 이루었는데 자꾸 다툼이 있네. 이제 떠나라. 내가 우할 테니까 너는 좌로 가라."

그러나 사랑은 논리가 아니다. 영적 충만에서 오는 사랑은 논리를 뛰어넘는다.

우리에게 잘 알려진 장기려 박사님의 별명은 '바보 의사'다. 장기려 박사님에 관한 유명한 일화가 있다.

장기려 박사님이 운영하는 병원에 치료는 했는데 너무 가난해서 병원비를 못 내 퇴원을 못 하는 환자가 있었다고 한다. 퇴원을 못 하는 환자에게 장기려 박사님이 가르쳐준 비법이 무엇인지 아는가?

"오늘 밤에 내가 뒷문 열어놓을 테니까 직원들 몰래 도망가세요."

하나님 앞에서 우리가 너무 똑똑한 게 문제다. '평화를 이루자, 하나님나라를 건설하자, 하나님이 기뻐하는 교회를 만들자'는 총론에는 합의가 너무 잘 된다. 하지만 어떤 문제를 가지고 각론으로 들어가면 머리가 터질 것같이 복잡해진다. 절대 양보하지 않는다.

'왜 내가 양보해야 하는데?'

정신은 하나님나라를 선포하는데 그 일을 구현하는 데는 십자가 정신이 도무지 스며들지 않는다. 왜 그런가? 우리는 너무 구호에 익숙하다. 그런데 실천을 해본 적이 없다. 구호를 외치면서도 그것이 실제로 무엇인지를 모른다.

예수님의 성품이 나의 인격이 되기를 구하길 바란다. 몰라서 못 하는 게 아니다. 너무 가난해서 퇴원을 못 하는 환자를 그냥 보내주는 게 이론을 몰라서 못 하는 것이 아니지 않은가. 하기 싫은 것이다.

개척을 시작할 때 이웃 교회의 반대로 고뇌하던 나에게 하나님이 주신 인물이 바로 이삭이다. 아브라함의 아들 이삭, 그도 아버지와 똑같은 정신으로 실천했다.

이삭은 자기가 파놓은 우물에 그랄의 목자들이 와서 시비를 걸면 당연히 자기 권리를 주장할 수 있지만 다투지 않고 장소를 옮겨 또 우물을 팠다. 그런데 또 와서 시비를 걸면 또 다른 곳에 우물을 팠다.

나는 그 새벽에 하나님이 주신 이삭의 교훈 때문에 천몇백만 원 손해를 보면서도 깨끗이 포기했다. 하지만 하나님나라를 위해 투자한 것으로 생각했지 억울하게 손해 봤다는 생각을 한 적이 없다.

그랬기에 그 목사님을 찾아가서 너무나 기쁘게 손을 마주 잡고 "목사님, 이제 앞으로 자주 뵐 텐데 조금도 어색해하지 마시고 미안해하지 마시라"고 말하며 서로 축복으로 기도하는 관계가 이루어진 것이다. 그것이 하나님이 우리에게 가르쳐주시는 양보의 정신이다.

정확한 대안 제시

마지막으로 아브라함이 보여준 세 번째 성숙은 '정확한 대안을 제시'했다는 것이다.

이것이 참 중요하다. 성경은 그 다툼이 왜 일어났는가를 이렇게 분석한다.

> 그 땅이 그들이 동거하기에 넉넉하지 못하였으니 이는 그들의 소유가
> 많아서 동거할 수 없었음이니라 **창 13:6**

성경은 소유가 많아서 분쟁이 있었다는 것, 그 땅이 그들이 동거하기에 넉넉하지 못했다는 분석을 내놓고 있다. 아브라함은 그것을 정확하게 파악하고 있었다. 그래서 아브라함이 내놓은 대안이 무엇인가? 9절을 다시 보자.

"네 앞에 온 땅이 있지 아니하냐 나를 떠나가라 네가 좌하면 나는 우하고 네가 우하면 나는 좌하리라"(창 13:9).

아브라함은 성경이 분석한 다툼의 원인을 정확하게 꿰뚫고 있었기 때문에 정확한 대안을 제시할 수 있었다.

나는 담임목사로서 하나님께 구하는 기도 제목이 여러 가지가 있는데, 그중의 하나가 안목을 달라는 것이다. 최근에 《실력보다 안목이다》(김용섭)라는 책을 보았는데, 그 책에서 안목을 "사물의 좋고 나쁨 또는 진위나 가치를 분별하는 능력을 말한다"라고 정의하

면서 비즈니스 분야에서 안목은 드러나지 않는 것을 보는 능력이고 본질을 꿰뚫어 보는 힘이라고 했다. 나는 여기에서 '비즈니스'는 싹 싹 지우고 이렇게 읽기를 원한다.

"신앙생활 하는 차원에서 안목은 드러나지 않는 것을 보는 능력이고 본질을 꿰뚫어 보는 힘이다."

믿음이 있었던 아브라함과 믿음이 부실해 보이던 롯의 결정적인 차이는 안목의 차이다. 9절에서 아브라함이 "네가 좌하면 나는 우하고 네가 우하면 나는 좌하리라"라고 했더니 안목 없는 롯은 이렇게 반응한다.

이에 롯이 눈을 들어 요단 지역을 바라본즉 소알까지 온 땅에 물이 넉넉하니 여호와께서 소돔과 고모라를 멸하시기 전이었으므로 여호와의 동산 같고 애굽 땅과 같았더라 그러므로 롯이 요단 온 지역을 택하고 동으로 옮기니 그들이 서로 떠난지라 창 13:10,11

안목은 드러나지 않는 것을 보는 눈이라고 했는데, 롯은 드러난 것밖에는 볼 수 없던 자였다.

아브람은 가나안 땅에 거주하였고 롯은 그 지역의 도시들에 머무르며 그 장막을 옮겨 소돔까지 이르렀더라 소돔 사람은 여호와 앞에 악하며 큰 죄인이었더라 창 13:12,13

겉으로 보기에는 너무나 복된 하나님의 동산 같은 땅이었지만, 눈에 보이는 화려한 것에만 집중하다 보니까 결정적인 것을 볼 수 없었다. 그래서 결국 망한 것 아닌가.

시편 119편 99절에 "내가 주의 증거들을 늘 읊조리므로 나의 명철함이 나의 모든 스승보다 나으며"라는 말씀이 있는데, 여기 나오는 '명철'이 영어 성경에서는 'insight'로 표현되어 있다.

인사이트는 우리말로 통찰력이다. 다시 말해 본질을 꿰뚫어 보는 능력을 인사이트라고 한다. 안목이 드러나지 않는 것을 보는 능력이듯 인사이트도 마찬가지다. 우리 모두에게 아웃사이트만 보는 눈이 아니라 영적인 안목, 인사이트까지 볼 수 있는 영안을 주시기를 바란다. 이것을 구해야 한다.

우리가 주목하는 것은 보이는 것이 아니요 보이지 않는 것이니 보이는 것은 잠깐이요 보이지 않는 것은 영원함이라 **고후 4:18**

같은 장소에서 있던 두 사람이 왜 이렇게 달라져 버렸나? 나는 아브라함과 롯의 근원적인 차이를 창세기 12장 4절에서 찾는다.

"이에 아브람이 여호와의 말씀을 따라갔고 롯도 그와 함께 갔으며."

아브라함은 여호와의 말씀을 따라갔지만, 롯은 그의 삼촌 아브라함을 따라갔다. 이 차이를 알겠는가?

한국교회가 미성숙해진 결정적인 이유도 여기에 있다고 생각한다.

'담임목사는 새벽마다 하나님의 말씀을 따라갔고, 성도들은 그 목사를 따라갔고.'

이렇게 되면 그 교회는 어려워진다. 그래서 나도 '분당우리교회에서 나라는 존재가 없어져야 하나?'라는 생각을 자꾸 하게 된다. 왜 사람을 보는가? 목사가 왜 그렇게 중요한가? 물론 영적인 지도자이니 중요하다. 그러나 비정상적으로 목사만 쳐다보는 구조가 한국교회의 미성숙함을 불러왔다는 생각을 지울 수가 없다.

아브라함의 성숙함과 롯의 미성숙함을 가르는 결정적인 이 말씀을 우리의 기도 제목으로 삼자.

"아브람은 하나님의 말씀을 따라갔고 롯은 아브람을 따라갔고."

눈에 보이는 담임목사가 너무 중요해진 그때부터 우리는 이미 궤도를 이탈한 것이다. 우리는 눈에 보이는 담임목사를 따라가는 사람이 아니라 여호와 하나님의 말씀을 따라가는 자인 줄 믿기 바란다.

이렇게 출발이 다른 아브라함은 가는 곳마다 하나님의 이름을 부르며 하나님께 예배를 드린다. 아브라함의 초점은 하나님의 말씀이었기 때문이다. 눈에 보이는 것을 따라가는 신앙생활은 내려놓고 말씀을 따라가야 한다. 말씀을 주신 여호와 하나님을 따라가는 것이다. 이것이 롯의 비극을 피하는 유일한 대안임을 마음에 품고 사모할 때, 문제가 많은 이 시대에 반석이 될 줄로 믿는다.

¹⁰ 이에 롯이 눈을 들어 요단 지역을 바라본즉 소알까지 온 땅에 물이 넉넉하니 여호와께서 소돔과 고모라를 멸하시기 전이었으므로 여호와의 동산 같고 애굽 땅과 같았더라 ¹¹ 그러므로 롯이 요단 온 지역을 택하고 동으로 옮기니 그들이 서로 떠난지라 ¹² 아브람은 가나안 땅에 거주하였고 롯은 그 지역의 도시들에 머무르며 그 장막을 옮겨 소돔까지 이르렀더라 ¹³ 소돔 사람은 여호와 앞에 악하며 큰 죄인이었더라 ¹⁴ 롯이 아브람을 떠난 후에 여호와께서 아브람에게 이르시되 너는 눈을 들어 너 있는 곳에서 북쪽과 남쪽 그리고 동쪽과 서쪽을 바라보라 ¹⁵ 보이는 땅을 내가 너와 네 자손에게 주리니 영원히 이르리라 ¹⁶ 내가 네 자손이 땅의 티끌 같게 하리니 사람이 땅의 티끌을 능히 셀 수 있을진대 네 자손도 세리라 ¹⁷ 너는 일어나 그 땅을 종과 횡으로 두루 다녀 보라 내가 그것을 네게 주리라 ¹⁸ 이에 아브람이 장막을 옮겨 헤브론에 있는 마므레 상수리 수풀에 이르러 거주하며 거기서 여호와를 위하여 제단을 쌓았더라

8 *chapter*

약속의 말씀으로 얻는
안목과 통찰력

가장 외로웠던 시절

살다 보면 외로움에 맞닥뜨릴 때가 있다. 인생 자체가 외로운 것이지만 특별히 외로움이 극심할 때가 있음을 경험한다. 돌아보면 나도 그런 적이 몇 번 있었던 것 같다. 처음 이민 갔을 때는 말할 것도 없고, 이민 생활을 정리하고 혼자 한국으로 돌아왔을 때도 참 외로웠다. 가족들도 없었고, 어릴 때부터 자란 교단이 아닌 다른 교단에서 신앙생활을 해야 했고, 함께 꿈을 나누었던 동역자들은 보이지 않았던, 모든 게 낯설었던 때였다.

그중에도 신대원 1학년 여름방학은 일생에서 가장 외로웠던 기간이었던 것 같다. 당시 동료 신학생들은 방학을 맞아 고향으로, 집으로 다 흩어지고 혼자 기숙사에 남았다. 내가 다니던 신학대학원

2부 꿈에 이르도록 훈련시키시다　155

은 경기도 양지에 있었고 학부가 서울 사당동에 있었는데, 방학이 되면 대학원 기숙사는 모두 철수하기에 그곳에 있을 수 없어서 낯선 학부 기숙사에서 지내야 했다. 그래서 외로움이 더 커졌던 것 같다.

그 여름방학에 왜 미국에 있는 가족에게 가지 않았는지 이제는 기억이 나지 않는다. 아마 나름대로 처음 접하는 신학 공부를 더 해야겠다는 이유였지 않았을까 짐작해본다.

학부생 몇 명만 남은 기숙사에 있으려니 너무 쓸쓸하고 외로웠다. 종일 말 한마디도 할 수 없는 날들이 많았다. 총신대가 있던 사당동 기숙사에서 언덕을 넘어가면 숭실대학교가 있는데, 너무 외롭고 답답할 때면 그 언덕을 넘어가며 "하나님, 너무 외로워요" 소리를 지른 적도 많았다.

주택가도 아니고 차도밖에 없어서 사람이 잘 다니지 않는 길이라 큰소리로 설교 연습도 많이 하고, 하나님께 떼도 많이 썼다. 그런 시간을 석 달 가까이 보냈다.

지금 돌아보면 외로움이 뼈에 사무친다는 게 이런 것이구나 싶다. 그때는 지금처럼 인터넷이나 SNS도 할 수 없었고, 미국의 가족들에게 영상 통화 같은 것이 가능할 때도 아니었다. 3천 원짜리 공중전화카드를 사면 미국에 있는 가족과 딱 3분 통화가 가능했다. 돈이 없을 때니까 공중전화로 한 달에 한 번 전화를 드렸는데, "어머니 저예요" 인사하고 무슨 말이라도 할라치면 전화가 끊어졌다. 그렇게 전화가 끊어지면 또 외로움이 물밀듯 밀려왔다.

그렇게 외롭고 고독했던 신대원 1학년 시절이 떠오른 이유가 있다. 하나님은 뼛속까지 외로웠던 그때를 외로웠던 기억으로만 남겨두지 않으셨다. 내 생애 가장 충만하고 가장 뜨겁고 마음에 가장 행복이 넘쳤던 시절도 그때였다. 이것이 신비다.

어떻게 그럴 수 있었을까? 아브라함을 보면서 그 은혜가 많이 떠올랐다. 가장 외롭고 힘들 때 하나님은 그대로 방치해두지 않으시기 때문이다.

하나님은 방치하지 않으신다

롯이 아브람을 떠난 후에 여호와께서 아브람에게 이르시되 너는 눈을 들어 너 있는 곳에서 북쪽과 남쪽 그리고 동쪽과 서쪽을 바라보라
창 13:14

신앙생활은 하나님과 쌓아가는 스토리라고 했듯이, 성경을 불교 경전처럼 대하면 잘못하는 것이다. 성경은 처음부터 끝까지 하나님과 함께하는 스토리다.

그래서 사도 바울이 복음을 전하다가 감옥에 갇혀 '춥다. 외투를 좀 가져다 다오. 누가 보고 싶구나. 누구를 데리고 와라'라고 했던 것들까지 다 기록하도록 허락하신 것이 성경이다. 그렇기 때문에 성경을 읽을 때는 영적인 감정이입이 중요하다.

아브라함이 지금 어떤 상황인지 상상해보라. 성경이 왜 "여호와 께서 아브람에게 이르시되" 앞에 전제를 하나 붙여놓았는가? "롯이 아브람을 떠난 후에"라는 이 한마디 속에 담긴 아브라함의 복잡한 생각을 엿볼 수 있을 것 같다.

하나님께서 아브라함에게 꿈과 비전을 주셨을 때, 그리고 "너는 복이 될지라"라는 놀라운 말씀을 주셨을 때, 그 말씀을 듣고 하란 을 떠나 가나안으로 가기로 결정한 아브라함이 누구를 데리고 가 는가? 조카 롯을 데리고 간다.

아버지를 일찍 여읜 조카에게 연민이 느껴졌을 수도 있고, 다른 어떤 이유가 있었는지는 모르겠다. 하지만 오늘 우리 형편에 적용 해본다면, 예를 들어 한국에 살다가 미국으로 이민 간다고 했을 때 조카를 데리고 가는 경우는 흔치 않다.

그런데 아브라함은 지금 그 여정에 조카를 데리고 간다. 그만큼 각별히 생각했을 것이다. 그리고 그런 조카와 방금 헤어졌다. 그것 도 물질 문제 때문에.

아마 만감이 교차했을 것이다. 어쩌면 조카 롯이 야속하지 않았 을까? 삼촌이 양보의 마음으로 "네가 이쪽을 택하면 나는 저쪽을 택하고, 네가 저쪽을 택하면 내가 이쪽을 택하겠다"라고 조카에게 선택권을 넘겨주었으면, 조카는 당연히 "삼촌이 먼저 택하셔야지 요. 이 많은 재산도 다 삼촌 덕분에 얻었는데요"라고 해야 하는 것 아닌가?

그런데 야속하게도 자기 눈에 보기 좋은 땅을 잽싸게 선택해서 떠나버린 롯을 생각하니 배신감도 들고 서운함도 들었을 것이다. 그런 복잡한 심경이 이 한마디에 녹아 있다.

"롯이 아브람을 떠난 후에."

여기서 진짜 중요한 은혜가 발견된다. 내가 왜 이 말씀을 묵상하다가 내 인생에서 가장 외로웠던 시절이 떠올랐을까? 내 생애 가장 외로웠던 순간이지만 어떤 때보다 하나님이 만져주시고 말씀해주신 은혜가 가장 컸던 때가 바로 그때였기 때문일 것이다.

너무너무 외롭고 힘들 때, 골방에 들어가서 답답한 마음을 주님 앞에 토로하며 기도하면 하나님이 풍성한 은혜를 주셨다. 그 기억 덕분에 나는 "롯이 아브람을 떠난 후에 여호와께서 아브람에게 이르시되"라는 이 말씀이 너무나 은혜로 다가왔다.

약속을 새롭게 해주시는 하나님

그런가 하면 더 중요한 것은 그다음 말씀이다.

보이는 땅을 내가 너와 네 자손에게 주리니 영원히 이르리라 창 13:15

얼마나 놀라운 말씀인가? 하나님은 상한 우리 감정만 만져주시는 분이 아니시다. 외로우면 코미디 영화 보여주듯이 외로움만 살짝 덜어주시는 분이 아니시다. 가장 외롭고 가장 힘들었을 그때,

가장 생각이 복잡했던 그때, 하나님은 아브라함에게 나타나셔서 그를 위로해주실 뿐만 아니라 다시금 약속의 말씀을 확인시켜주셨다.

약속의 말씀을 다시 한번 상기시켜주신 이유가 무엇인가? '네가 이 모든 희로애락의 감정을 극복하고 이겨내야 할 이유가 있다'는 것을 알려주신 것이다. 그것을 잊지 말라는 것이다.

이민 가면 제일 힘든 것이 이 문제다.

'내가 지금 여기에 왜 와 있지? 말도 안 통하고, 생활도 어렵고, 이것도 안 되고, 저것도 안 되는데 내가 지금 남의 나라에 와서 뭐 하고 있는 거지?'

이런 생각이 이민자들을 가장 힘들게 한다. 깊은 외로움은 그 사람의 영혼을 병들게 한다. 하나님은 우리가 인생의 고비를 겪을 때, 외로움에 깊이 빠질 때 위로도 해주시지만, 가장 중요한 것이 약속의 말씀을 다시 확인시켜주신다는 것이다. 주소를 잊지 말라는 것이다.

'네가 여기 왜 와 있는지 잊으면 안 된다. 이 마음의 고생을 이겨내야 할 이유가 있다.'

신대원에 다니던 3년이 내 인생에서 가장 외로웠던 시절이었지만, 동시에 그 시절이 내가 영적으로 가장 충만했던 기간이었다. 그때 하나님이 말씀해주셨고, 무엇보다도 교회를 향한 꿈을 주셨다.

쿡 찌르면 꿈이 쏟아지던 시절

결혼하기 전에 나는 선을 많이 봤고, 거절도 많이 당했다. 지금 생각해보면 거절당할 짓을 했던 것 같다. 아내를 만난 첫날에도 대여섯 시간을 설교만 하다 왔다. 내가 미국에서 우리나라로 왜 역이민을 와야 했고, 목회와 관련해서 어떤 꿈을 가졌고, 어떤 교회를 꿈꾸고 있고, 내가 지금 청소년 사역을 하고 있는데 그 사역을 통해 청소년들에게 어떤 꿈을 심어주기 원하고 등등 끝이 없었다.

선을 볼 때마다 그런 이야기만 몇 시간씩 하는데 어떤 여자가 좋아했겠는가? 목사 아내가 될 것이란 사실만으로도 가슴이 답답한데 말이다.

선 자리에서까지 내가 그렇게 나의 꿈 이야기를 했던 것은 교회에 대한 꿈이 내 목구멍까지 차 있었기 때문이다. 쿡 찌르면 꿈 이야기가 막 튀어나오는데 어떡하겠는가?

감사하게도 하나님께서 그 꿈을 귀하게 보는 자매를 아내로 허락해주셨다.

선보는 자리에서 몇 시간을 교회에 대한 꿈 이야기만 하는 나를 보며 놀랍게도 아내는 두 시간쯤 지나서 '이 남자다. 이 남자를 놓치면 안 된다'라고 생각했다고 한다.

우리 부부는 여전히 교회를 향한 같은 꿈을 꾸는 동역자다. 사랑은 마주보는 것이 아니라 같은 곳을 바라보는 것이다. 결혼하고 마주본 채 한 1년만 지나보라. 바로 권태감이 온다.

그렇게 시작한 가정이니, 신혼 시절에도 집에 와서 저녁을 먹어본 적이 거의 없다. 아이들이 태어난 후에도 아이들이 일어나기도 전에 나가서 아이들이 잠든 후에 집에 들어왔다. 그런 나를 아내는 묵묵히 참아주고 견뎌주었다. 어떻게 그럴 수 있었을까? 같은 곳을 바라보고, 같은 꿈을 꾸었기 때문이다.

이 기초가 내 인생에서 가장 외로웠던 신대원 시절에 만들어졌다. 하나님은 아브라함에게 말씀하신 것처럼 나에게 계속해서 '네가 왜 한국으로 돌아왔는지 잊으면 안 된다. 한국에 왜 왔니? 돈 벌러 왔니? 한국에 왜 왔니?'라고 물으시며 나를 무장시켜주셨다.

꿈으로 충만하게 하신다

앞에서 고백했듯이, 내가 두려움 때문에 스물아홉 명의 분립 개척 예비 담임목사님들에게 잔소리가 많았던 것을 고백하고 사과했던 적이 있다.

두려워서 그런 것도 사실이지만, 한편으로 나는 지금 내 생애에서 가장 외로운 순간을 보내고 있다. 스물아홉 개의 교회가 세워진다는 것이 너무나 영광스러우면서도 한편으로는 정든 수많은 성도를 떠나보내야 한다는 사실 때문에 내내 마음이 아팠다. 지난 특별새벽부흥회 때, 어떤 성도님이 "이 특새가 분당우리교회에서 드리는 마지막 특새라고 생각하니 눈물이 나요"라면서 자꾸 우시는데, 나도 그 성도와 똑같은 마음이었다.

20년을 함께 울고 함께 웃으며 함께 스토리를 만들어가던 성도들을 이제 스물아홉 교회로 파송한다고 할 때 과장된 표현이지만 '살점을 뜯어내는 것이 이런 것이구나' 싶을 만큼 마음이 힘들었다. 그래서 많이 외롭다. 어떤 위로도 통하지 않을 만큼.

그런데 요즘만큼 충만할 때가 또 없다. 하나님이 계속 꿈을 주시기 때문이다. 새벽마다 하나님이 나를 꿈으로 인도해주신다. 그래서 자꾸 잔소리를 하게 된다. 선보던 시절에 나타났던 증상이 또 나타났다. 쿡 찌르면 스물아홉 교회, 쿡 찌르면 스물아홉 교회.

어떤 분이 "목사님, 이제 일만성도 파송운동 얘기는 그만 했으면 좋겠습니다"라고 해서 내가 알겠다고 했다. 사실 절제해야겠다는 결심도 했다. 그런데 안 되는 걸 어떡하나? 하다 보면 또 그 이야기가 나오고 있다.

어떻게든 사역을 성공시켜 성도들을 내보내려고 그런 것이 아니다. 나는 어느 때보다 가장 외로운 순간을 보내고 있다. 그런데 내가 외롭다고 느낄 때면 어김없이 하나님이 나를 만나주시고 만져주시며 꿈과 비전으로, 교회에 대한 소망으로 채워주신다. 그러니 쿡 찌르면 교회 이야기가 나오는 것이다.

우리가 이 원리를 잊으면 안 된다. 지금 외로운가? 특별히 사람에게 실망하고 배신당해서 혼자라는 쓸쓸함에 고통스러운가? 두 가지 복을 받을 준비를 하면 된다. 지금이 하나님이 우리를 어루만져주실 때이다. 하나님이 말씀하실 때이다.

눈을 들어라! 일어나라!

그런가 하면 이 말씀에서 극심한 외로움과 쓸쓸함에 빠진 아브라함에게 하나님이 '네가 왜 살아야 하는지 아니? 이 외로움을 이겨내야 하는 이유가 있다'라고 하시며 삶의 이유와 꿈과 비전을 알려주고 계신 것을 볼 수 있다.

하나님은 외롭고 쓸쓸했던 아브라함에게 다시 한번 약속을 새롭게 해주시며 눈을 들어서 동서남북을 바라보라고 하신다. 14절을 다시 보자.

> 롯이 아브람을 떠난 후에 여호와께서 아브람에게 이르시되 너는 눈을 들어 너 있는 곳에서 북쪽과 남쪽 그리고 동쪽과 서쪽을 바라보라
> **창 13:14**

여기에 하나님의 악센트가 느껴지지 않는가? 17절도 보자.

> 너는 일어나 그 땅을 종과 횡으로 두루 다녀 보라 내가 그것을 네게 주리라 **창 13:17**

하나님이 '눈을 들어라. 일어나라' 하시면서 힘주어서 말씀하시는 게 느껴지는가?

"너는 '눈을 들어' 바라보라."

"너는 '일어나' 그 땅을 두루 다녀보라."

17절을 현대인의성경으로 보면 이렇게 표현되어 있다.

"이제 너는 일어나 이리저리 다니며 그 땅을 사방 살펴보아라. 내가 그것을 너에게 주겠다."

하나님의 마음이 읽히지 않는가?

'지금 네가 힘든 상황을 내가 이해한다. 사랑하는 조카를 떠나보내고 얼마나 마음이 복잡하겠니. 그러나 거기에 무너지면 안 된다. 거기에 함몰되면 안 된다. 고개 숙이고 있지 마라. 청승맞게 그러고 있지 말고 일어나 내가 너에게 약속한 그 땅을 이리저리 다니며 사방 살펴보아라.'

하나님이 지금 우리에게도 이 말씀을 주고 계신다. 많이 힘든가? 코로나19 때문에 많이 위축되는가? 우리가 힘든 것 하나님이 다 아신다. 다 아시는 하나님이 우리에게 말씀하신다.

'왜 고개 숙이고 힘없이 그렇게 다니느냐? 그것을 견뎌내야 하는 이유를 네가 잊었구나.'

고개 숙이고 있던 우리의 꿈을 회복시켜주시는 하나님, 그 하나님의 은혜로 눈을 들고 고개를 들어 동서남북을 바라보는 놀라운 사건이 이 말씀으로 일어나게 되기를 바란다.

자녀를 키우면서 가장 힘들고 안타까운 경우가 자녀가 어떤 일로 낙심해서 방에서 안 나올 때라고 한다. 어떤 집사님의 아이가 공부를 너무 잘하는 아이인데 삼수에 실패하고는 낙심해서 방에서 안 나온다고 한다. 부모 된 입장에서 그것만큼 억장이 무너지는 일이 없을 것 같다.

무기력한 우리를 향한 아버지 하나님의 심정도 비슷하지 않으실까? 그 하나님이 힘주어 말씀하시는 것을 듣자.

'이제 고개 좀 들어라. 너 힘든 것 내가 알겠는데 이제 고개 좀 들어라. 그리고 그렇게 방에만 있지 말고 나가 봐. 세상이 얼마나 넓은지, 할 일은 또 얼마나 많은지 눈을 들고 보렴.'

우리가 다시 일어서야 하고 또 다시 일어설 수 있는 힘은 하나님이 우리에게 주신 약속의 말씀이 있기 때문이다.

하나님이 보시는 것을 보라

14절의 "너는 눈을 들어"라는 말씀이 에스겔서 8장에 기록된 에스겔 선지자의 상황과 좀 비슷하다. 에스겔서 8장에서 에스겔 선지자는 아주 특별한 환상을 경험한다.

그가 손 같은 것을 펴서 내 머리털 한 모숨을 잡으며 주의 영이 나를 들어 천지 사이로 올리시고 하나님의 환상 가운데에 나를 이끌어 예루살렘으로 가서 안뜰로 들어가는 북향한 문에 이르시니 거기에는 질투의 우상 곧 질투를 일어나게 하는 우상의 자리가 있는 곳이라 겔 8:3

하나님이 에스겔을 잡아서 하늘로 끌어올리시는데, 그 과정에서 에스겔이 무엇을 보았는가? 이어지는 말씀에 나온다.

이스라엘 하나님의 영광이 거기에 있는데 내가 들에서 본 모습과 같더라

겔 8:4

하나님께서 에스겔을 하늘로 끌어올리시는 이유를 알겠는가? 눈에 보이는 현실의 문제에만 함몰되어 있지 말라는 것이다. 3절의 '하나님의 환상'은 히브리어로 보면 '하나님이 보시는 것'이란 의미가 있다.

그렇다면 하나님이 에스겔을 하늘로 끌어올리셔서 하나님의 환상 가운데로 이끄신 것은 어떤 의미로 해석할 수 있는가? 눈에 보이는 현실에만 함몰되어 온통 나를 지치게 하고 실망하게 하는 것만 눈에 들어오고, 나를 배신하고 이용하려는 사람밖에 안 보이는데, 하나님이 그런 상황 중에 있던 에스겔을 끌어올리셔서 하나님의 환상, 즉 하나님이 보시는 것을 보라고 이끄시는 것이다.

인사이트가 있어야 롯의 길을 피할 수 있다

앞에서 얘기했듯이, 나는 담임목사로서 안목과 통찰력을 주시기를 구한다. 안목은 드러나지 않는 것을 보는 힘, 본질을 꿰뚫어 보는 힘이라고 했다. 나는 이것을 구한다.

그리고 통찰력은 예리한 관찰력으로 사물을 꿰뚫어 보는 것을

말한다. 영어로는 인사이트다.

목사는 성도들의 외적인 상황을 보는 아웃사이트의 능력도 당연히 필요하다. 하지만 성도들이 보지 못하는 것을 보는 능력, 인사이트도 반드시 필요하다. 지도자에게 꼭 필요한 것이 인사이트다.

안목과 통찰력이 있어야 롯처럼 되지 않을 수 있다. 그저 눈에 보이는 것밖에 못 보니까 그곳이 망할 땅인지도 모르고 롯처럼 택하는 것 아닌가? 그것을 막아야 하기 때문에 나는 안목과 통찰력을 구한다.

중요한 것은 안목과 통찰력을 주시는 분은 하나님이시란 것이다. 아브라함에게 눈을 들어 네가 있는 곳에서 동서남북을 바라보라고 말씀하시는 하나님, 에스겔을 끌어올려 하나님이 보시는 것을 보게 해주시는 하나님, 그 하나님이 우리 모두의 하나님이신 줄 믿는다. 그 하나님을 우리가 의지할 때, 그 하나님이 약속의 말씀을 우리에게 다시 허락해주실 때, 그때 생기는 것이 안목과 통찰력이다.

롯과 아브라함의 결정적 차이

롯과 아브라함의 결정적인 차이는 바로 여기서 벌어졌다.

"여호와께서 아브람에게 이르시되 너는 눈을 들어…"(창 13:14).

사실 롯도 눈을 들었다.

"이에 롯이 눈을 들어 요단 지역을 바라본즉…"(창 13:10).

둘의 공통점 아닌가? 롯은 눈을 들어 자기가 꿈꾸던 요단 지역을 바라보았고, 아브라함은 눈을 들어 동서남북을 바라보라는 하나님의 말씀을 받았다.

이것이 공통점인데, 결정적인 차이가 무엇인가?

롯은 자기가 보고 싶은 것을 보려고 눈을 들었고, 그래서 불행하게도 망해버렸다. 차라리 눈을 안 들었더라면 롯에게 더 좋았을 뻔했다. 아브라함에게도 똑같이 '눈을 들어' 동서남북을 바라보라는 말씀이 선포되었지만, 그것은 하나님이 지시하신 땅이다. 하나님이 보라는 땅이다. 그래서 롯은 요단 평야만 바라보았지만, 아브라함은 동서남북을 바라보게 하셨다.

이것을 정리해보면, 아브라함과 롯의 결정적인 차이는 약속의 말씀이 있고 없고의 차이다. 약속의 말씀 없이 바라보는 곳은 굉장히 위험하다. 약속의 말씀이 주어진 다음에 하나님의 말씀을 따라서 동서남북을 바라보아야 한다. 이 차이로 인해 아브라함에게는 안목과 통찰력이 주어졌고, 롯에게는 그것이 없었다는 결론으로 벌어지게 됐다.

이후로 성경의 롯에 대한 기록과 아브라함에 대한 기록을 살펴보면 의미심장하다. 아브라함은 롯과 헤어진 이후에도 계속 하나님의 인도하심을 받는다. 하지만 롯과 관련된 구절을 찾아서 읽어보라. 롯이 삼촌 아브라함과 헤어져 자기가 원하는 땅을 선택해서 갔다는 것과 그 후에 벌어진 비극적인 사건을 제외하고는 기록이 거의 없다. 이것이 무엇을 의미하는가? 하나님의 인도하심을 받지 못했다는 것이다.

우리는 어느 길로 가야 하는가? 눈앞에 보이는 기름진 평야만 바라보고 자기가 보고 싶은 것만 보는 롯의 길이 아니라 하나님의 말씀을 따라 하나님이 지시하신 곳으로 눈을 들어 동서남북을 바라보는 아브라함의 길로 가게 되기를 바란다. 그 길을 구하며 기도하는 우리가 되기를 바란다.

하나님의 언약을 소유한 자의 행보

자, 롯과 헤어진 아브라함에게 하나님이 "너는 일어나 그 땅을 종과 횡으로 두루 다녀보라 내가 그것을 네게 주리라"라고 약속을 새롭게 해주셨는데, 아브라함이 어떻게 반응하는가? '찬스다! 내가 다닌 모든 땅을 주신다고 허락하셨다'라고 환호하며 종과 횡으로 미친 듯이 땅을 돌아다닌 게 아니다.

> 이에 아브람이 장막을 옮겨 헤브론에 있는 마므레 상수리 수풀에 이르러 거주하며 거기서 여호와를 위하여 제단을 쌓았더라 창 13:18

아마도 롯 같았으면 하나님에게 땅을 허락받았다고 기뻐하며 정신없이 돌아다녔을 것이다. 그러나 아브라함은 약속의 말씀이 떨어지자마자 헤브론으로 옮겨 제단을 쌓고 예배를 드렸다. 롯의 관심은 하나님이 주시는 복에 있었고, 약속의 말씀을 받은 아브라함에게는 오직 하나님이 목적이었다.

아브라함이 제단을 쌓은 곳이 '헤브론'인데, 헤브론은 '친구'라는 뜻의 어원을 가지고 있다. 뭘 의미할까? 하나님이 아브라함을 친구로 부르셨다는 의미를 강조하는 단어 아닌가?

기근이라는 문제가 찾아왔을 때 그 문제를 하나님께 의뢰하지 않고 자기 생각과 방식대로 풀어가려 했던 어리석은 모습을 청산하도록 도우신 하나님께서 그곳에서 아브라함을 친구로 불러주셨다. 그리고 그 헤브론에 이르러 아브라함은 하나님께 제단을 쌓고 예배했다.

그래서 헤브론은 아브라함과 그 가족들에게 특별한 곳이다. 하나님께서 친구로 불러주신 곳이었기에 거기서 여호와를 위하여 제단을 쌓았으며, 후에는 그곳에 있는 막벨라 굴을 사서 가족묘로 사용하였다(창 23장 참조).

우리에게 필요한 것은 땅이 아니라 하나님이다

롯과 아브라함의 내용을 쭉 묵상하다가 나는 톨스토이의 〈사람에게는 얼마만큼의 땅이 필요한가〉라는 단편소설이 떠올랐다. 바흠이라는 농부가 하루 동안 걸어서 다녀온 땅이 모두 자신의 것이 된다는 약속으로 인해 더 많은 땅을 차지하기 위해 무리하다가 결국 죽고 말았다는 이야기다. 조금이라도 더 많은 땅을 차지하려고 무리하다가 비참하게 죽어버린 바흠은 자기 키만 한 땅에 묻힘으로 인생이 끝났다.

결국 바흠에게 필요했던 땅은 그가 묻힐 반 평 크기의 땅이었다. 이게 인생이다.

여기 나오는 바흠이 자기 눈에 좋은 땅을 차지하기 위해 앞으로 내달렸던 롯과 딱 닮았다.

그러나 아브라함은 "너는 일어나 그 땅을 종과 횡으로 두루 다녀보라 내가 그것을 네게 주리라"라는 하나님의 말씀이 떨어지자마자 "장막을 옮겨 헤브론에 있는 마므레 상수리 수풀에 이르러 거주하며 거기서 여호와를 위하여 제단을" 쌓았다.

하나님은 우리가 있어야 하는 곳으로 이끄신다. 우리의 눈을 들어 동서남북을 바라보게 하신다. 그러나 우리에게 필요한 것은 그 넓은 땅이 아니라 하나님, 바로 그분이다. 하나님이 나를 친구로 삼아주신 그곳에서 하나님을 예배해야 한다.

우리가 발 딛고 있는 이곳이 예배의 자리인 줄 믿는다. 내 직장, 내 캠퍼스, 내 가정, 내 예배당. 하나님이 허락하신 그곳이 예배의 장소이다.

혹시 지금 너무 고통스러워서 힘든가? 외로운 자리에 빠져 있는가? 의지했던 롯이 떠나버렸는가? 둘러보니 아무도 없는가? 지금이 하나님께서 만나주시고 말씀하실 때이다. 그리고 지금이 '내가 왜 여기에 있지? 내가 왜 지금 이런 어려움을 겪고 있지?'라는 질문에 답을 주실 때이다.

이것을 잊지 말자. 지금 하나님이 새롭게 해주시는 말씀을 따라 눈을 들어 하나님이 허락하신 곳을 바라보자. 그리고 그곳에서 친구로 삼아주시는 하나님께 예배드리는 우리 모두가 되길 바란다.

창세기 14:1-12

1 당시에 시날 왕 아므라벨과 엘라살 왕 아리옥과 엘람 왕 그돌라오멜과 고임 왕 디달이 2 소돔 왕 베라와 고모라 왕 비르사와 아드마 왕 시납과 스보임 왕 세메벨과 벨라 곧 소알 왕과 싸우니라 3 이들이 다 싯딤 골짜기 곧 지금의 염해에 모였더라 4 이들이 십이 년 동안 그돌라오멜을 섬기다가 제십삼년에 배반한 지라 5 제십사년에 그돌라오멜과 그와 함께 한 왕들이 나와서 아스드롯 가르나임에서 르바 족속을, 함에서 수스 족속을, 사웨 기랴다임에서 엠 족속을 치고 6 호리 족속을 그 산 세일에서 쳐서 광야 근방 엘바란까지 이르렀으며 7 그들이 돌이켜 엔미스밧 곧 가데스에 이르러 아말렉 족속의 온 땅과 하사손다말에 사는 아모리 족속을 친지라 8 소돔 왕과 고모라 왕과 아드마 왕과 스보임 왕과 벨라 곧 소알 왕이 나와서 싯딤 골짜기에서 그들과 전쟁을 하기 위하여 진을 쳤더니 9 엘람 왕 그돌라오멜과 고임 왕 디달과 시날 왕 아므라벨과 엘라살 왕 아리옥 네 왕이 곧 그 다섯 왕과 맞서니라 10 싯딤 골짜기에는 역청 구덩이가 많은지라 소돔 왕과 고모라 왕이 달아날 때에 그들이 거기 빠지고 그 나머지는 산으로 도망하매 11 네 왕이 소돔과 고모라의 모든 재물과 양식을 빼앗아 가고 12 소돔에 거주하는 아브람의 조카 롯도 사로잡고 그 재물까지 노략하여 갔더라

복의 사람이
피해야 할 탐욕

하나님은 꿈의 사람을 연단하신다

자리가 사람을 만든다는 말이 있다. 어떤 직위에 있게 되면 자리에 걸맞은 사람이 되도록 성장이 일어난다는 뜻이다. 마찬가지로 사람이 엄청난 꿈을 가지면 하나님은 꿈에 걸맞도록 그 사람을 키워주신다. 굉장히 중요한 얘기다.

성장하고 싶은가? 하나님이 주신 꿈을 사모하라. 내면에 꿈과 비전이 있으면 하나님은 그 꿈과 비전의 무게만큼 그 사람을 키워주신다. 그래야 꿈꾸는 그 사람을 통해 하나님의 뜻과 계획이 펼쳐질 수 있기 때문이다. 그래서 하나님은 꿈의 사람을 내버려두지 않으신다.

하나님은 하나님의 꿈을 좇아 순종의 모험을 시작한 아브라함에게도 연단과 시험을 허락하셨다. 앞에서 살펴본 것처럼, 젖과 꿀이 흐른다는 약속의 땅 가나안에 도착하자마자 그가 맞닥뜨린 것은 기근이었다. 안타깝게도 아브라함은 이 문제를 가지고 하나님께 나아가는 대신 자신의 생각대로 애굽으로 내려갔다가 고초와 수치를 당한다.

아브라함이 겪었던 두 번째 시험은 대인관계의 시험이었다. 재물이 많아진 탓에 아브라함의 목자들과 조카 롯의 목자들 사이에 다툼이 일어난 것이다. 그 과정에서 아브라함은 하나님의 꿈을 품은 사람답게 너무나 성숙한 모습으로 롯에게 양보하는 모습을 보였고, 조카 롯과의 결별을 평화롭게 잘 마무리했다.

롯에게 닥친 불행

본문은 그렇게 조카 롯이 아브라함에게서 독립한 후에 발생한 첫 사건이다. 롯에게 불행한 일이 닥쳤다. 그가 전쟁 포로로 끌려간 것이다.

네 왕이 소돔과 고모라의 모든 재물과 양식을 빼앗아 가고 소돔에 거주하는 아브람의 조카 롯도 사로잡고 그 재물까지 노략하여 갔더라
창 14:11,12

지금 무슨 상황인가? 삼촌 아브라함이 "어디를 택하든 네가 먼저

택하면 내가 양보하겠다"라고 통 큰 양보를 해주었더니 롯이 너무나 어리석은 판단을 했다. 물이 넉넉하고 여호와의 동산같이 풍성해 보이는, 겉보기에 좋은 곳을 택해서 그리로 내려갔더니 불행한 일이 닥쳤다. 왜 이런 불행이 생겼을까? 겉보기에는 화려하고 넉넉하고 아름다운 땅이었지만, 거기에는 불행의 씨앗이 있었기 때문이다.

소돔 사람은 여호와 앞에 악하며 큰 죄인이었더라 창 13:13

이 한마디가 이후에 롯이 겪게 될 엄청난 불행을 암시하고 있는 말씀 아닌가? 이렇듯 탐욕으로 잘못 선택한 그 땅에서 롯이 끔찍한 일을 겪게 되는데, 그 첫 번째 사건이 전쟁이다.

롯이 모르는 게 하나 있었다. 자기 눈에 탐나는 땅이면 그곳은 탐욕에 찌든 사람이 다 노리는 땅이라는 사실이다. 이런 측면에서 롯이 포로로 잡혀간 사건은 탐욕으로 하나님의 인도하심을 볼 줄 몰랐던 롯에 대한 하나님의 징계라고 분석하면 정확하다.

롯의 가치관 - 탐욕

이런 관점으로 본문을 보면 흥미로운 사실을 하나 발견할 수 있다. 본문의 전후를 살펴보면 롯을 묘사할 때 꼭 같이 등장하는 게 있다.

"소돔에 거주하는 아브람의 조카 롯도 사로잡고 그 재물까지 노략하여 갔더라"(창 14:12).

롯만 잡혀갔다고 하면 되는데 재물까지 부연해서 넣었다. 이후에 아브라함이 그를 구출해주는데 그때 기록한 내용도 똑같다.

"모든 빼앗겼던 재물과 자기의 조카 롯과 그의 재물과 또 부녀와 친척을 다 찾아왔더라"(창 14:16).

롯만 구해줬다고 하면 되는데 "롯과 그의 재물과"라고 재물을 꼭 같이 기록한다.

성경이 의도적으로 이렇게 기록하고 있는 포인트가 뭘까? 롯과 그 재물을 동일시함으로 강조하는 것이 무엇이겠는가? 롯이 어떤 가치관을 가지고 있는지 보여주는 표현이다. 롯이 가장 사랑하고 가장 중요하게 여긴 것이 재물이었고, 롯의 존재 자체가 재물과 한 세트로 묶일 정도로 그에게는 재물이 모든 것이었다.

'사람들하고 잘 지내는 게 무슨 소용이야? 돈만 있으면 되지. 하나님의 도움 필요 없어. 돈이 나를 인도하는 거지.'

요즘에도 이런 가치관을 가진 사람들이 넘쳐나는데, 롯도 이런 가치관에 사로잡혀 있던 인물이었다.

롯이 잡혀갔다는 소식을 듣고 아브라함이 그를 구하기 위해 전쟁에 나서자 아브라함과 동맹을 맺은 사람들이 아브라함을 도우려고 그의 뒤를 따랐다. 그런데 아브라함과 달리 롯을 돕겠다고 나서는 사람은 아무도 없었다. 비참한 인생 아닌가? 이것이 탐욕에 빠져 사는 사람이 겪어야 하는 비참함이다.

그래서 나는 롯의 모습을 중심으로 '탐욕'이 가진 문제점을 살펴보려고 한다. 먼저 탐욕이 가진 일반적인 문제점 두 가지를 나누고, 그다음에 본질적으로 중요한 의미를 한 가지 덧붙이려고 한다.

탐욕은 분별력을 흐리게 만든다

탐욕이 가진 첫 번째 문제는, '탐욕은 우리의 분별력을 흐리게 만든다'는 사실이다.

롯이 선택한 그 땅은 탐욕에 찌든 자들이 모두 호시탐탐 노리던 그야말로 탐욕의 땅이었다. 그래서 본문을 읽어보면 흡사 막장 드라마를 보는 것 같다.

"소돔 왕 베라와 고모라 왕 비르사와 아드마 왕 시납과 스보임 왕 세메벨과 벨라 곧 소알 왕과 싸우니라"(창 14:2).

시작부터 싸움이다.

"이들이 십이 년 동안 그돌라오멜을 섬기다가 제십삼년에 배반한지라"(창 14:4).

이번엔 배반이다.

"제십사년에 그돌라오멜과 그와 함께 한 왕들이 나와서 아스드롯 가르나임에서 르바 족속을, 함에서 수스 족속을, 사웨 기랴다임에서 엠 족속을 치고"(창 14:5).

그러더니 그다음부터는 계속 '치고, 치고, 또 치고, 치니'로 도배가 되어 있다. 무엇을 의미하는가? 롯은 이 탐욕의 전쟁터에 제 발로 걸어간 것이다. 왜 그랬을까? 판단을 잘못했기 때문이다. 탐욕은 그 사람의 판단력을 흐리게 만든다.

사기를 왜 당하는가? 사기 치는 사람이 정말 나쁜 게, 너무나 절박한 사람, 문제가 다급하여 분별력이 없는 사람에게 다가간다. 사기꾼이 좋아하는 사람이 또 있다. 바로 탐욕적인 사람들이다. 그래서 어떻게 사기를 당하는지 패턴을 보면 거의 비슷하다. 지나치게 이자 많이 준다고 하는 데 귀 기울이면 안 된다. 손쉽게 돈 벌 방법이 있다며 접근하는 사람도 조심해야 한다. 이런 사람들이 꼭 덧붙이는 말이 있다.

"너한테만 얘기하는 것이니까 절대로 다른 사람에게 말하지 마."

생각해보라. 우리가 뭐라고 우리에게만 그런 이야기를 하겠는가? '탐욕'에 약한 우리의 본성을 노린 게 사기다.

목회 현장에서도 이런 일이 벌어진다. 분당우리교회를 개척하고 나니까 땅 사라는 사람들이 얼마나 많이 찾아왔는지 모른다. 학교를 빌려서 예배드리고 있는데 언제까지 그렇게 지내겠느냐며 미리미리 땅을 준비해야 한다면서 앞산, 뒷산, 여기, 저기 좋은 땅이라고 여러 군데 알려줬다. 이번이 마지막 기회라고, 나중에 엄청나게 오를 것이라고 했던 땅도 많았다. 그 분들 중에는 진짜로 교회를 위하는 마음에서 온 분들도 있었지만, 대부분은 터무니없는 말들만 늘어놓았다.

기억에 남는 것 중 하나는 어느 땅을 소개해주면서 그린벨트 지역이지만 곧 풀린다고 얼른 사라고 했었는데, 20년이 지난 지금도 안 풀렸다. 그때 성도들 돈 끌어모아서 샀으면 어쩔 뻔했나 생각하면 등골이 오싹하다.

하나님이 막아주셨기에 그런 끔찍한 일들을 피할 수 있었던 것이다. 만약 내 눈이 탐욕으로 어두워져 있었다면 피해갈 수 없었을 것이다. 탐욕은 우리의 눈을 어둡게 하고 분별력을 흐리게 만든다는 사실을 꼭 기억하라.

탐욕은 우리를 위기에서 건져낼 능력이 없다

탐욕이 가진 두 번째 문제는, '탐욕은 우리를 위기에서 건져낼 능력이 없다'는 것이다. 12절을 다시 보자.

"소돔에 거주하는 아브람의 조카 롯도 사로잡고 그 재물까지 노략하여 갔더라"(창 14:12).

롯이 그토록 소중히 여기던 재물인데, 정작 위험에 처하니까 그가 가진 수많은 재물이 하나도 소용이 없었다.

누가복음 12장에서 예수님이 경고하시는 말씀도 이것이다. 예수님은 "그들에게 이르시되 삼가 모든 탐심을 물리치라 사람의 생명이 그 소유의 넉넉한 데 있지 아니하니라"(눅 12:15)라고 하시고는 어리석은 부자의 비유를 드신다.

또 비유로 그들에게 말하여 이르시되 한 부자가 그 밭에 소출이 풍성하매 눅 12:16

그리고 그 부자의 특징을 쭉 열거하신다.

심중에 생각하여 이르되 '내가' 곡식 쌓아 둘 곳이 없으니 어찌할까 하고 또 이르되 '내가' 이렇게 하리라 내 곳간을 헐고 더 크게 짓고 내 모든 곡식과 물건을 거기 쌓아 두리라 또 '내가' 내 영혼에게 이르되 영혼아 여러 해 쓸 물건을 많이 쌓아 두었으니 평안히 쉬고 먹고 마시고 즐거워하자 하리라 하되 눅 12:17-19

계속 반복되는 단어가 무엇인가? '내가'이다. 이 부자는 지금 '내가' 날 위해서 쌓아둔 게 많다는 말을 하고 있는 것이다. 그래서 나는 이제 걱정 없다는 것이다. 이 사람의 어리석음이 무엇인가? 모든 초점이 자기다. 내가 생각하고, 내가 판단하고, 내가 모으고.
그런데 하나님의 경고를 보라.

하나님은 이르시되 어리석은 자여 오늘 밤에 네 영혼을 도로 찾으리니 그러면 네 준비한 것이 누구의 것이 되겠느냐 하셨으니 눅 12:20

내가 왜 탐욕은 우리를 위기에서 건져줄 능력이 없다고 말하는지 알겠는가? 하나님이 그렇게 말씀하셨기 때문이다.

악한 본성으로 깊이 뿌리내린 탐욕

나만 알고 자기만 위하는 것이 자기에게 유리한 것 같지만, 그것이 우리에게 치명적으로 해로운 것이다. 또한 이는 우리의 악한 본능이기도 하다.

두 명의 형제에게 과자 세 개를 주면 열이면 열 싸움이 난다. 서로자기가 두 개 먹겠다고. 이 문제에는 형이고 동생이고 없다. 이 땅의 모든 싸움은 '내가 더 갖고 싶다'는 인류 보편적인 이 문제에서 비롯된다. 이 탐욕의 뿌리가 죄성으로 가득한 우리 안에 너무나 깊이 박혀 있다는 사실을 항상 인식해야 한다.

미국의 신학자 라인홀드 니버가 이런 말을 했다.

"욕망이란 창조 때 주어진 인간 본성이 아니라 이기적 동물로 타락함으로 나타난 제2의 습성이다."

참 의미 있는 말이다. 하나님은 절대로 우리를 탐욕적으로 만들지 않으셨다. 탐욕으로 가득한 모습이 원래 우리의 모습이 아니라, 이는 인간의 타락으로 인해 나타난 제2의 습성임을 잊어서는 안 된다.

어거스틴도 비슷한 말을 했다.

"죄악된 욕망은 본성이 아니라 본성의 질병이다."

욕심이 나서 기어이 빼앗아놓고 '인간이 다 그렇지'라며 자기 합

리화를 하는데, 인간이 원래 다 그런 게 아니다. 그것은 본성이 아니라 본성의 질병이다. 코로나에 감염된 것처럼 영적으로 병에 걸린 것이다. 절대로 하나님이 원하시는 원래 창조 질서가 아니다.

그렇기 때문에 우리는 이 악한 본성과 싸워야 한다. 방치하면 안 된다.

그리스도 예수의 사람들은 육체와 함께 그 정욕과 탐심을 십자가에 못 박았느니라 갈 5:24

이 말씀을 항상 묵상함으로 탐욕을 경계해야 한다. 탐욕은 영육 간의 분별력을 흐리게 만든다는 사실을 잊어서는 안 된다. 또한 탐욕은 본질적인 위기에서 우리를 건져낼 능력이 없다. 재물이 어리석은 부자를 구해낼 수 없었듯이 말이다. 이 두 가지를 항상 기억하고 탐욕에 사로잡히지 않도록 늘 하나님의 도우심을 구해야 한다.

탐욕을 경계해야 하는 결정적 이유

이 두 가지 이유 말고도 한 가지 더, 우리가 탐욕을 경계해야 하는 결정적인 이유가 있다. 하나님은 우리에게 복을 주시며 그 복을 흘려보내라고 명령하셨는데, '탐욕은 그 복을 흘려보내지 못하게 하기 때문'이다.

계속 강조하는 것이지만, 하나님은 우리에게 복 주기를 원하시는 분이다. 이것을 믿음으로 받아야 한다. 그리고 당당하게 구해야 한다.

'하나님, 약속하지 않으셨습니까? 저에게 복을 주시기 원합니다.'

하나님은 복 주시기를 원하는데, 왜 응답이 잘 안 되는가? 그다음 기도를 안 해서 그렇다. 항상 세트로 같이 구해야 한다.

'하나님, 저에게 복 주시기 원합니다. 그 주신 복을 제가 먼저 감사함으로 누리겠습니다. 하지만 주신 복을 가두어두고 내 안에만 두지 않고 그 복을 흘려보내겠습니다. 이웃에게 유통하겠습니다. 나누고 베풀겠습니다.'

이스라엘에 두 호수가 있다. 하나는 갈릴리 호수이고 또 하나는 사해라고 불리는 호수이다. 두 곳 다 요단강 줄기를 따라서 헐몬 산에서 내려주는 풍성한 물을 공급받는다는 공통점이 있다.

하지만 갈릴리 호수는 풍성한 물을 받은 만큼 다시 요단강을 따라 흘려보내 준다. 그래서 그곳에는 생명이 살아 있다. 똑같이 요단강 줄기를 통해 헐몬 산에서 내려온 풍성한 물을 받는데, 사해는 그물을 가두어두고 아무 데로도 보내지 않는다. 그래서 사해(死海)는 이름 그대로 생물이 살 수 없다. 이것을 명심해야 한다.

집에 있는 냉장고를 한번 열어보라. 냉동실 문이 안 닫힐 정도로 꽉꽉 차 있지 않은가? 지금은 안 먹지만 언젠가 먹을 것이라는 생각으로 꽉꽉 쟁여둔다. 하지만 알고 있지 않은가? 연말이 되어 마음먹고 냉장고 청소를 할 때면 모두 버려질 것이라는 사실을 말이다. 작년에도 겪었고, 재작년에도 겪었는데, 올해도 여전히 그렇게 음식들을 쌓아둔다. 안 먹을 걸 알면서도 계속해서 쌓아두는 것, 냉장고 청소를 할 때마다 '이럴 줄 알았으면 주변에 좀 나누어줄 걸' 후회하면서도 나누지 못하는 것, 이것이 바로 우리의 연약한 모습 아닌가?

흘려보내지 않으면 사해가 된다. 내 영역 안에만 들어오면 시들시들해지고, 나에게 다가오기만 하면 다 죽는 그런 사해 같은 인생이 되고 싶은가? 흘려보내야 한다. 계속 흘려보내야 한다.

흘려보내지 않으면 사해 같은 인생이 된다

그러나 이것은 내 의지로 아무리 애를 써도 잘 안 된다. 그래서 십자가를 의지해야 한다. 내 힘으로 할 수 없으니 십자가를 의지하는 것이다.

"그리스도 예수의 사람들은 육체와 함께 그 정욕과 탐심을 십자가에 못 박았느니라"(갈 5:24).

여기 나오는 '탐심'을 원어로 보면 '열렬한 욕망에 집중되어 있는 상태'를 말한다. 이것이 성경이 말하는 탐심이다. 열렬한 욕망에 집중되어 있어서 내 힘으로는 벗어날 수 없는 상태, 그래서 십자가를 의지하는 것이다.

분당우리교회를 개척하고 한 달쯤 되었을 때, 책 한 권이 나왔다. 《양 도둑질》이라는 제목의 책이었다. 이 제목이 지금까지 목회하는 내내 큰 영향을 미쳤다.

'양 도둑질하면 안 된다. 내 교회 키우겠다고 남의 교회 성도 빼앗아서 목회하면 안 된다.'

그래서 개척 초기부터 기존 신자의 등록을 안 받겠다는 시도를 세 번이나 했다. 두 번의 시도는 흐지부지되다가 실패했는데, 세 번째 시도에서는 철저하게 이루어져서 얼마나 감사한지 모른다. 그 모든 출발이 '양 도둑질은 안 된다. 내 교회만 잘되는 것은 곤란하다'였다. 내가 섬기는 교회도 잘 성장해야겠지만, 이웃 교회도, 우리나라에 있는 모든 교회도 함께 성장해야 한다. 이것이 하나님의 뜻이다.

나는 목회자이기 때문에 이런 교회의 문제를 근심하지만, 삶의 현장에서는 무엇을 가지고 근심해야 하는가? 나는 성도들이 하나님께서 주시는 복을 많이 받기를 바란다. 하나님께서 주시는 복을 받아 누리기 바란다. 그러나 그 복을 혼자 누리겠다고 문을 닫아걸면 안 된다. 하나님께서 주신 복을 탐욕으로 변질시키면 곤란하다. 그렇게 되면 우리 인생은 사해가 된다.

이미 받은 복부터 흘려보내자

여기서 한 가지 기억해야 할 것은, 우리가 받은 복을 흘려보낸다고 할 때 그것이 전 재산을 기부하고 큰돈을 헌금해야 하는 것이 아니라는 것이다. 받은 복을 흘려보내는 것은 그렇게 비장하고 어마어마한 일이 아니라도 우리 생활에서 얼마든지 실천할 수 있다.

코로나19가 극성을 부려 자영업을 하는 분들이 한창 힘들어할 때의 일이다. 오랫동안 정상 영업을 하지 못하고 있는 성도들이 얼마나 힘들까 하는 마음에 교회 홈페이지에 자영업 하는 분들의 리스트를 올려놓았다. 그리고 예배 시간에 광고했다. 주변에 있는 가게를 방문해서 격려해드리고 물건도 팔아드리면 좋겠다고, 꼭 그렇게 해달라고 당부했다. 그리고 교역자 몇 명이 솔선수범하여 어려운 가게를 찾아가 격려해드렸다. 그랬더니 가게 주인 성도들이 큰 위로와 힘을 얻었다.

카페를 운영하는 어느 분은 자신은 어깨와 허리 수술을 받고 친정아버지는 교통사고로 의식불명에 빠지신 이중삼중의 고통 속에서 낙심해 있었는데, 가게를 방문한 교역자를 보고 "절망적인 상황에서 마치 예수님을 만난 것 같아요. 예수님이 우리 가게에 찾아오신 것 같습니다"란 고백을 남기셨다. 얼마나 큰 위로가 되었기에 이런 고백을 했을까? 또 어떤 가게를 방문했더니 "교회가 우리를 기억해줘서 고맙습니다"라는 말을 했다. 작은 섬김과 정성을 이토록 크게 받는 것이 놀랍지 않은가?

흘려보내는 것은 이런 것이다. 전 재산을 다 바치는 것만이 아니다. 잠깐 가서 기도 한 번 해주는 것만으로도 "예수님이 다녀가신 것 같습니다"라며 위로를 얻는다. 조금만 마음을 쓰면 된다.

그러나 여기서 이렇게 끝나면 안 된다. 예수 믿는 우리끼리만 누리는, 우리들만의 잔치가 되면 곤란하다. 이렇게 시작해서 더 흘려보내야 한다. 예수 믿는 사람, 예수 안 믿는 사람, 우리 교회 성도, 다른 교회 성도 구분하여 섬기는 것이 아니라 제한 없이, 조건 없이 섬기고 흘려보내는 곳으로 나아가야 한다.

하나님은 우리에게 이미 많은 복을 주셨다. 그 사실을 기억하고 감사하며 흘려보내는 삶을 살기를 바란다. 또한 더 큰 복을 받기를 바란다. 하나님께 더 큰 복을 달라고 당당하게 기도하라. 그리고 그런 기도에 덧붙여서 더 풍성히 이웃을 섬길 힘을 달라고 기도해야 한다. 받은 복을 더 많이 보낼 수 있도록 정욕과 탐심을 십자가에 못 박는 믿음의 성도가 다 되기를 바란다.

My heart is beating through God's calling.

—

언약 안에서
기다림으로
두려움을 이기다

"아브람과 더불어 언약을 세워 이르시되"

¹³ 도망한 자가 와서 히브리 사람 아브람에게 알리니 그 때에 아브람이 아모리 족속 마므레의 상수리 수풀 근처에 거주하였더라 마므레는 에스골의 형제요 또 아넬의 형제라 이들은 아브람과 동맹한 사람들이더라 ¹⁴ 아브람이 그의 조카가 사로잡혔음을 듣고 집에서 길리고 훈련된 자 삼백십팔 명을 거느리고 단까지 쫓아가서 ¹⁵ 그와 그의 가신들이 나뉘어 밤에 그들을 쳐부수고 다메섹 왼편 호바까지 쫓아가 ¹⁶ 모든 빼앗겼던 재물과 자기의 조카 롯과 그의 재물과 또 부녀와 친척을 다 찾아왔더라 ¹⁷ 아브람이 그돌라오멜과 그와 함께 한 왕들을 쳐부수고 돌아올 때에 소돔 왕이 사웨 골짜기 곧 왕의 골짜기로 나와 그를 영접하였고 ¹⁸ 살렘 왕 멜기세덱이 떡과 포도주를 가지고 나왔으니 그는 지극히 높으신 하나님의 제사장이었더라 ¹⁹ 그가 아브람에게 축복하여 이르되 천지의 주재이시요 지극히 높으신 하나님이여 아브람에게 복을 주옵소서 ²⁰ 너희 대적을 네 손에 붙이신 지극히 높으신 하나님을 찬송할지로다 하매 아브람이 그 얻은 것에서 십분의 일을 멜기세덱에게 주었더라 ²¹ 소돔 왕이 아브람에게 이르되 사람은 내게 보내고 물품은 네가 가지라 ²² 아브람이 소돔 왕에게 이르되 천지의 주재이시요 지극히 높으신 하나님 여호와께 내가 손을 들어 맹세하노니 ²³ 네 말이 내가 아브람으로 치부하게 하였다 할까 하여 네게 속한 것은 실 한 오라기나 들메끈 한 가닥도 내가 가지지 아니하리라 ²⁴ 오직 젊은 이들이 먹은 것과 나와 동행한 아넬과 에스골과 마므레의 분깃을 제할지니 그들이 그 분깃을 가질 것이니라

10 chapter

부르심 안에서
날마다 성장하는 기쁨

과정적이고 지향적인 존재

《구원 이후의 여정은》이라는 제목의 책이 있다. 정신과 전문의로 신학을 공부한 이력이 있는 김진 교수가 쓴 책이다. 그 책에는 "과정적이고 지향적인 존재로서의 그리스도인"이란 부제가 달려 있다. 정말 정곡을 찌르는 표현이다. 나는 이것을 옮겨 적어놓고 한참을 묵상했다. 예수 믿는 우리는 과정적인 존재다. 그리고 지향적인 존재다.

이것이 무슨 뜻인가? '과정적인 존재'란 것은 한마디로 아직 미완성이란 뜻이다. 성장해가는 과정에 있는 존재라는 것이다. 예전에 중고등부 아이들에게 설교할 때 내가 자주 따라 하게 했던 말이 있다.

"나는 공사 중입니다."

설교할 때 자주 따라 하게 했고, 그리고 집에 가서 부모님에게도 꼭 전해주라고도 당부했었다. 한창 자라고 있는 청소년들은 공사 중이기에 아직 미숙하고 좌충우돌할 수밖에 없는 존재이다. 사실, 공사 중인 것은 어른들도 마찬가지다. 우리는 아직 공사 중인 미완성의 존재들이다.

그런데 아직 완성되지 않은 과정적 존재로서의 나와 주변 사람을 이해하지 못한 까닭에 많은 오해가 생긴다. 우리가 아직 미완성이란 사실을 알지 못하기에 타인에 대해 자꾸 실망하고 비판하는 것이다.

'교회에 갔더니 이상한 사람이 왜 이렇게 많아?'

왜 그러겠는가? 교회는 공사 중인 사람들이 모이는 곳이다. 완성된 사람들이 모이는 곳이 아니다.

그뿐만 아니라 자기 스스로에 대해서도 자꾸 실망하게 된다.

'아니, 예수 믿는다는 내가 왜 이 모양인가? 나는 왜 이것밖에 안되는가?'

과정적인 존재인 나는 아직 공사 중이다. 이 사실을 몰라서 자꾸 자신에게 실망하고 자괴감에 빠진다.

'지향적인 존재'라는 것은 무슨 뜻인가? 아직 도달하지 않은 목표가 있다는 것이다. 그래서 여전히 지향하는 목표를 향해 끊임없이 나아가는 것이 그리스도인의 삶이다.

성경은 아브라함의 여정을 꽤 자세하게 기록한다. 그 이유가 무엇일까? "아브라함이 갈대아 우르에 있을 때 하나님이 가나안으로 가라고 명하셨고, 가나안으로 갔다"라고 한마디로 요약해서 기록하지 않고 "아브라함이 가나안으로 갔다가 애굽으로 갔다가 거기서 실패하고 또 돌아오고…"라며 시시콜콜한 이야기를 다 언급하는 이유가 무엇이겠는가? 하나님은 우리를 과정적이고 지향적인 존재로 보시기 때문이다.

하나님의 관점에서는 아브라함이 결국 그것을 이루어냈다는 결과도 중요하지만, 그 과정도 중요하다는 것이다. 바로 이런 이유 때문에 성경이 결과만 담지 않고 스토리로 구성되어 있는 것이다.

세상 사람들은 "개같이 벌어서 정승처럼 쓰면 된다"라거나 "모로 가나 서울만 가면 된다" 같은 결과 지향적인 말을 자주 한다. 하지만 예수님을 믿는 우리는 이런 말을 하면 안 된다. 아무리 정승처럼 쓴다고 해도 개같이 돈을 벌면 안 된다. 하나님은 과정을 중요하게 생각하신다.

대학교에 다닐 때 크리스천으로서 한 가지 마음에 독백하며 결단했던 것이 있다. '성경을 읽기 위해 촛대를 훔쳐서는 안 된다'라는 것이었다. 비록 촛대를 훔치는 것은 잘못이지만 성경을 읽기 위해서니 목적도 좋고, 결과도 좋지 않은가? 하지만 결과만 중요한 것이 아니라 과정도 중요하게 보시는 하나님 관점에서는 틀린 이야기다.

성숙을 향해 날마다 나아가고 있는가?

우리가 과정적이고 지향적인 존재로서의 그리스도인이라는 사실을 자각한다면, 지금 내가 얼마나 성숙한가도 중요하지만 나는 지금 성숙을 향해 날마다 나아가고 있는 존재인가가 더 중요한 문제가 된다.

교회에서 교역자를 모집하다 보면 간혹 모든 것이 너무나 잘 갖춰진 지원자가 있다. 이런 지원자는 심사하는 모든 교역자의 마음을 움직여서 쉽게 청빙을 결정하게 된다. 그런데 어떤 지원자는 조금 애매한 경우가 있다. 처음에는 조금 아닌 것 같다 싶어서 제외했다가 우여곡절 끝에 청빙을 결정하는 경우도 있다.

그런데 처음에는 조금 아쉽고 모자라는 부분이 있다고 생각했던 교역자가 시간이 갈수록 빠른 성장과 성숙을 이루어가는 경우가 있다. 그래서 처음 청빙할 때 모든 게 완벽해서 무조건 청빙해야 한다고 생각했던 사람보다 더 성장하여 나를 놀라게 한다. 이런 일을 만나면 얼마나 기쁜지 모른다. 하나님은 우리를 과정적이고 지향적인 존재로 보고 계심을 여실히 볼 수 있는 아름다운 열매이기 때문이다.

아브라함의 성장, 롯의 비극

본문의 아브라함도 이런 관점에서 볼 수 있다. 지금까지 아브라함의 삶을 돌아보면, 그야말로 과정적이며 지향적인 인물이라고 할수 있다. 창세기 12장에 나오는 아브라함은 미숙하기 짝이 없는 사람이었다. 갈대아 우르에서 하나님이 부르셨는데, 도중에 하란에서 하차해버린 것이 아브라함이었다.

가나안에 들어온 후로도 여러 가지로 미숙하고 부족한 모습을 보였다. 하나님이 허락하신 가나안 땅에 기근이 들어서 먹을 것이 없을 때 하나님 앞에 그 문제를 가지고 나아가 의뢰하고 하나님의 뜻을 구해야 하는데, 자기 판단으로 애굽으로 내려가 버리지 않는가?

애굽으로 내려가서는 또 얼마나 미숙했던가? 자기 목숨 구하자고 아내에게 얼마나 비겁한 모습을 보였는가?

"그대는 나의 누이라 하라."

이렇게 미숙했던 것이 창세기 12장에 나오는 아브라함의 모습이다. 그런데 그런 연단의 과정을 잘 거치고 13장으로 진입한 아브라함의 모습을 보면 놀랄 만큼 성숙해졌다. 조카 롯과 이별하는 과정에서 '우리 서로 다투지 말자. 네가 좌하면 나는 우하고, 네가 우하면 나는 좌하리라'라고 하면서 성숙한 양보의 정신을 발휘했다. 그리고 14장에서는 13장에서 보인 모습보다 더욱 성숙해진 아브라함을 발견할 수 있다.

비록 처음에는 미숙하고 연약한 모습을 보였다 할지라도 과정적이고 지향적인 존재로서 목표를 향하여 또 성숙을 향하여 한 걸음 한 걸음 나아가는 모습이 아브라함의 진면목이다.

이에 반해 아브라함과 대조되는 인물이 롯이다. 성경은 의도적으로 아브라함과 조카 롯을 계속 대비하고 있는데, 롯의 비극은 그가 미숙한 모습으로 출발한 데 있지 않다. 이것은 아브라함도 다르지 않다. 롯의 비극은 그에게 많은 연단이 있었지만 조금도 변화가 없었다는 데 있다. 성장이 없었다는 것이다.

그가 어떤 어리석은 선택을 했는지 우리가 이미 살펴보지 않았는가? 자기 눈에 화려해 보이는 것을 좇아 탐심과 탐욕의 눈으로 땅을 선택했다가 그만 전쟁에 휘말려 포로로 끌려가는 비극을 경험하지 않았는가? 그 사건은 롯의 탐욕에 대한 하나님의 경고였다.

그렇게 전쟁 포로로 끌려갔다가 아브라함의 도움으로 구사일생하여 목숨을 건졌으면, 어떻게 해야 하는가? 이제 정신 차려야 하는 것 아닌가? 그런데 롯은 여전히 달라진 게 없다. 아직도 정신 못 차렸다. 끝까지 미숙함으로 가다가 나중에 소돔과 고모라 성이 망할 때 가족과 함께 망한 인물이 바로 롯이다.

둘 다 똑같이 미숙한 모습으로 시작했지만 한 사람은 하나님의 연단을 통과하며 날로 성숙해져 갔으며, 또 한 사람은 망하기 전에는 절대로 바뀌지 않는 사람, 세상에서 가장 불행한 사람으로 막을 내렸다.

우리도 우리 자신의 모습을 돌아봐야 한다. 비록 출발은 미숙했지만, 시간이 갈수록 성숙해지는 아브라함의 길을 따르고 있는가? 아니면 망할 때까지 변화가 없다가 결국은 망해버린 롯의 길을 걷고 있지는 않은지 점검해야 한다.

오직 우리 주 곧 구주 예수 그리스도의 은혜와 그를 아는 지식에서 자라가라 영광이 이제와 영원한 날까지 그에게 있을지어다 **벧후 3:18**

여기 나와 있는 '자라가라'를 원문에 가깝게 직역하면 '지속적으로 자라가라'는 명령의 말씀이다. 하나님은 우리가 누구도 흉내낼 수 없는 거목이 되기를 바라시는 것이 아니다. 비록 아브라함처럼 미숙하고 부족한 것이 많은 인생일지라도 지속적으로 자라는 것을 바라신다.

이런 점에서 창세기 14장에서 점점 더 성숙해져가고 지속적으로 자라가는 아브라함의 모습을 보면서 어떤 부분에서 성장과 성숙이 이루어졌는지를 살펴보고, 그 모습을 우리 삶에 적용하면 좋겠다.

약자를 대하는 아브라함의 모습

본문에서 아브라함의 성숙한 모습을 몇 가지 발견할 수 있는데, 첫 번째는 '약자를 대하는 태도'이다. 그가 포로로 잡혀간 조카를 어떤 눈으로 대하는지 보라.

아브람이 그의 조카가 사로잡혔음을 듣고 집에서 길리고 훈련된 자 삼백 십팔 명을 거느리고 단까지 쫓아가서 그와 그의 가신들이 나뉘어 밤에 그들을 쳐부수고 다메섹 왼편 호바까지 쫓아가 모든 빼앗겼던 재물과 자기의 조카 롯과 그의 재물과 또 부녀와 친척을 다 찾아왔더라 **창 14:14-16**

사실 결과가 좋아서 다행이긴 한데, 아브라함은 너무나 무모하고 어리석은 짓을 했다. 말도 안 되는 대처다. 아무리 부족 국가라 해도 자기가 가진 사병만으로 4개국 연합군을 이길 수 없다. 이것은 완전히 '계란으로 바위 치기'이다. 아브라함은 어떻게 이런 무모한 짓을 저지를 수 있었을까?

이것을 묵상하다 보니 답은 딱 하나였다. 지금 아브라함에게는 롯을 구해야겠다는 생각밖에 없는 것이다. 다른 것들을 돌아볼 겨를도 없이 여기에 모든 생각이 집중되어 있는 것이다. 그래서 무모한 행동이 나온 것이다.

나는 아브라함의 이런 무모한 모습을 보면서 마가복음 3장에 나오는 예수님이 떠올랐다. 예수님이 안식일에 손 마른 사람을 고쳐주시는데, 당시 상황이 그러면 안 되는 위기 상황이었다.

예수께서 다시 회당에 들어가시니 한쪽 손 마른 사람이 거기 있는지라 사람들이 예수를 고발하려 하여 안식일에 그 사람을 고치시는가 주시하고 있거늘 막 3:1,2

예수님의 대적들이 예수님을 고발하기 위해 주시하고 있었다. 예수님도 적의 의도를 간파하고 계셨다. 이 일을 빌미로 자기를 위기로 몰고 가리라는 것을 정확하게 알고 계셨다. 그런데도 예수님은 그 위기의 상황에서 손 마른 사람을 고쳐주신다. 그리고 그것 때문에 위기를 자초하신다.

예수님은 왜 이런 위기를 자초하셨을까? 아니, 예수님은 왜 이런 무모한 일을 하실 수밖에 없으셨을까? 그 답이 주님의 대답 속에 있다. 예수님은 4절에서 이렇게 말씀하셨다.

그들에게 이르시되 안식일에 선을 행하는 것과 악을 행하는 것, 생명을 구하는 것과 죽이는 것, 어느 것이 옳으냐 하시니 막 3:4

예수님의 마음에는 장애를 가진 그의 불편한 손을 고쳐줘야 한다는 생각뿐이었다. 온통 그 생각에 집중하시다 보니 대적하는 자들의 공격이 예수님을 막을 수 없었다. 더군다나 안식일이니 그 선한 일을 하면 안 된다는 그들의 주장은 통하지 않았다. 이것이 예수님의 근본정신이다.

이 무모한 근본정신이 있었기에 예수님은 십자가라는 어이없는 도구를 통하여, 도저히 하나님의 아들로서는 격에 맞지 않는 이상한 방식으로 우리를 구원해주신 것이다.

예수님이 우리처럼 이성이 발달하셨다면 어땠을까? 아브라함이 롯의 잘잘못을 먼저 따졌다면 어떻게 되었을까? '삼촌인 나를 배신하고 떠난 놈인데, 나한테 고마움이라고는 하나도 없더니 말 안 듣다가 포로로 잡혀갔네. 내가 왜 그런 놈을 위해서 내 목숨을 걸어야 하지?'라고 하진 않았을까?

우리의 성숙함을 점검하려면 예수님의 이 근본정신을 기준으로 점검해봐야 한다.

복 된 사람은 자기만 살지 않는다

창세기 12장 2,3절에서 아브라함에게 주신 하나님의 말씀을 다시 보자.

"내가 너로 큰 민족을 이루고 네게 복을 주어 네 이름을 창대하게 하리니 너는 복이 될지라 너를 축복하는 자에게는 내가 복을 내리고 너를 저주하는 자에게는 내가 저주하리니 땅의 모든 족속이 너로 말미암아 복을 얻을 것이라 하신지라."

하나님의 명령 "너는 복이 될지라"는 전부 '사람'과 관계된 일이다. 사람을 살리는 일이다. 그런데 오늘날 우리가 말하는 복은 도대체 어떤 복인가? 땅 사고 아파트 평수 넓히고 월급 오르는 게 우리가 말하는 복의 전부인가? 성경에서 말하는 복은 그런 것이 아니라 위기를 만난 주변 사람들, 연약한 사람들을 향하여 흘려보내 주는 것이라면, 우리의 초점이 엉뚱한 곳에 맞춰져 있는 것은 아닌지 돌아봐야 한다.

우리 존재가 복이 된다면 비록 상대가 롯같이 얄밉고 무례한 사람이라 할지라도 그 사람이 어려움에 처했을 때 '너도 한번 당해봐라'라고 할 것이 아니라, 계산하지 않고 무모할 정도로 달려들어 그를 건져내는 사람이 되어줄 것이다. 이것이 복의 사람이다.

이런 내용을 묵상하던 즈음에, 우연히 TV 프로그램 〈인간극장〉에서 고구마 농사를 짓는 사람이 나오는 것을 보았다. 고구마 밭을 정리하면서 엄청나게 뻗어 있는 칡넝쿨을 뽑으며 그 분이 하는 이야기가 독특하고 인상적이었다.

"칡넝쿨은 자기만 사는 놈이에요. 무성해요. (고구마가) 칡넝쿨에 양분을 다 빼앗기고 덜 컸구먼. 덜 컸어."

이 말이 내게 굉장히 묘하게 다가왔다. 농부 되시는 하나님도 이런 마음이실까? 암이 가진 치명적인 악함이 '자기만 위하는 것'이라고 하지 않는가? 몸의 기능이 어떻게 되든지 상관없이 자기만 살기 위해 증식하는 놈. 그래서 결국 숙주인 몸을 죽여서 자기도 죽는 게 암의 어리석음 아닌가?

인간이 가진 죄성도 자기만 아는 것이다. 자기만 살겠다고 한다. 칡넝쿨같이.

그런데 하나님의 복이 된 사람은 자기만 사는 존재가 아니다. 아브라함의 무모함이 그래서 귀하다.

야고보서 1장 27절에서 하나님이 정의하시는 경건의 정의를 알고 있는가?

하나님 아버지 앞에서 정결하고 더러움이 없는 경건은 곧 고아와 과부를 그 환난 중에 돌보고 또 자기를 지켜 세속에 물들지 아니하는 그것이니라 약 1:27

"자기를 지켜 세속에 물들지 아니하는 그것"도 경건이지만, "고아와 과부를 그 환난 중에 돌보는" 것도 경건이다. 지금 위기를 만난 롯을 향해 간절한 마음을 가지고 있는 아브라함이 바로 그러한 경건의 상태란 것이다. 이것이 아브라함이 보여준 첫 번째 성숙한 모습이다.

품위와 명예를 소중히 여기는 아브라함의 태도

두 번째로 아브라함이 보여준 성숙의 모습은 '품위와 명예를 소중히 여기는 태도'이다.

조카 롯을 구하고 승리한 아브라함을 맞이하는 두 명의 왕이 있었다. 그중의 한 명인 소돔 왕은 좋은 왕이 아니었다. 소돔 왕이 아브라함에게 제안한다.

소돔 왕이 아브람에게 이르되 사람은 내게 보내고 물품은 네가 가지라 창 14:21

그러자 아브라함은 일언지하에 그 제안을 거절한다. 아브라함에게도 냉정한 면이 있다. 아브라함이 소돔 왕의 제안을 단칼에 거절한 이유가 23절에 나온다.

아브람이 소돔 왕에게 이르되 천지의 주재이시요 지극히 높으신 하나님 여호와께 내가 손을 들어 맹세하노니 네 말이 내가 아브람으로 치부하게 하였다 할까 하여 네게 속한 것은 실 한 오라기나 들메끈 한 가닥도 내가 가지지 아니하리라 창 14:22,23

한마디로 아브라함은 지금 하나님을 믿는 내가 부패하고 타락한 소돔 왕 덕분에 부자가 됐다는 수치스러운 이야기는 듣고 싶지 않다는 것이다. 그가 보여준 자존심이 무엇인가? 자신은 천지의 주재이신 하나님을 믿는 사람이라는 것이다. 그렇기 때문에 부패한 소돔 왕과는 거래할 수 없다는 것, 이것이 하나님을 믿는 자로서 품위와 명예를 존중하는 아브라함의 성숙한 태도였다.

오늘날 한국교회와 예수 믿는 우리가 찾아야 하는 것이 그리스도인으로서의 자존심 아닌가? 타락한 사람들과 거래하면서 그들과 더불어 거짓말을 밥 먹듯이 하고 사람 속이는 일을 쉽게 한다면, 정말 진지하게 자신의 모습을 돌아보아야 한다. 우리가 지켜야 하는 것은 그리스도인으로서의 자존심이다.

내가 삼십 대 때는 진짜 미숙했던 것 같다. 욱하는 성격이 있어서 멱살잡이 직전까지 갔던 적도 몇 번이나 있었다. 오래전의 일인데, 한 번은 주차 문제로 고비가 있었다. 빌라에 사는 사람들이 공통적으로 겪는 어려움이 주차 문제 아닌가? 내 입장에서는 굉장히 얌체같이 주차한다고 느껴진 사람이 있었는데, 어느 날 감정이 폭발했다. 욱하는 감정이 폭발해 씩씩거리며 따지러 가고 있는데 떠오른 게 있었다.

'아, 참! 나 목사지.'

그날 아무런 일도 일어나지 않았다. 내가 목사임을 자각하던 순간 나의 혈기는 힘을 발휘할 수 없었다. 목사라는 신분에 대한 자각이, 그리고 예수 믿고 변화된 그리스도인이 되었다는 자각이 품위와 명예를 떨어뜨리는 저급한 행동을 막아주었다.

하나님의 사람 아브라함이 가진 성숙함은 인간적으로 아무리 귀에 솔깃한 제안이 들어오더라도 하나님의 사람으로서의 자존심을 지키며 품위와 명예를 떨어뜨리지 않았다는 데 있다.

'나는 천지를 주관하시는 여호와 하나님을 모시고 하나님을 상대하는 사람이야. 너 같은 저질은 내 상대가 아니야.'

오늘날 한국교회에서 이 품위가 회복되기를 바란다.

야곱과 형 에서의 이야기를 알지 않은가? 형이 가진 '장자권'을 빼앗으려고 형과 아버지를 속인 야곱은 말할 것도 없고, 사냥 다녀온 후에 배가 조금 고프다고 그 영광스러운 권리를 팥죽 한 그릇에 팔아버린 형 에서도 하나님의 사람으로서의 품위를 잃은 사람이라 할 수 있다.

우리는 어떤가? 야곱이나 에서처럼 존재의 품위를 잃으면 곤란하다. 이런 점에서 나는 우리 교회 교역자들에게 끊임없이 당부한다. 목회자들에게 치명적인 것이 소탐대실이라고. 팥죽 한 그릇도 안 되는 것에 목사로서의 자존심을 팔아버리면 안 된다고.

돈 몇 푼에 크리스천으로서의 자존심을 잃으면 큰일난다. 인간적인 명예 조금 얻겠다고 하나님의 자녀로서의 품위를 잃으면 안 된다. 이런 것에 명분을 팔아버리는 짓을 하면 안 된다. 아브라함이 성숙했던 것은 그는 물질보다 귀한 것을 알았기 때문이다.

우리가 이런 성숙한 아브라함의 모습을 회복한다면 세상 사람들이 "예수 믿는 사람은 다르네. 품위가 있네. 천박하게 돈 몇 푼에 영혼을 파는 짓은 안 하네"라고 감동하지 않겠는가? 이것을 놓고 기도하는 우리가 되기를 바란다.

은혜 이후에 보여준 성숙한 태도

세 번째로 아브라함이 보여준 성숙의 모습은 '은혜를 체험한 이후에 보여준 성숙한 태도'이다.

앞에서도 강조했지만, 아브라함이 4개국 연합군과의 전쟁에 개입한 것 자체가 무모한 짓이다. 이길 확률이 0퍼센트다. 그런데 이처럼 절대로 이길 수 없는 전쟁에서 하나님의 은혜로 기적적으로 승리했다. 만약 아브라함이 '전쟁은 전략인데, 내가 기습작전을 잘 짜서 이겼다'라고 생각했다면 아브라함은 바보다.

하지만 아브라함은 바보가 아니었다. 그는 정확하게 하나님의 은혜를 은혜로 알았다.

어떤 면에서 보면 아브라함이 그렇게 무모한 전쟁에 뛰어들 수 있었던 것은 그 이전의 절망적인 상황, 즉 아내를 누이라고 속였다가 위기를 만났던 상황에서 하나님이 은혜로 자기를 이끌어주셨다는 기억이 자신감을 주었기 때문이었는지도 모르겠다.

나는 우리 모두가 아브라함처럼 삶의 고비마다 하나님의 은혜를 체험하고 누리기를 바란다. 예수님은 믿는데 은혜를 모른다면, 이론으로는 아는데 실제 삶 속에서는 그 은혜가 가진 능력을 경험해 본 적이 없다면 불행한 크리스천이다.

이처럼 하나님께서 은혜를 주실 때 은혜를 은혜로 아는 영안을 갖는 것이 중요하다. 실컷 은혜를 주셨는데 '내가 위기에 좀 강하지. 내가 좀 잘하지. 내가 감이 있는 것 같아'라고 하면 곤란하지 않겠는가? 은혜를 주실 때 그것을 은혜로 알아야 한다. 이것이 아브라함이 보여준 성숙한 태도이다.

이것과 관련하여 한 가지 더 주목해야 할 것이 있다. 은혜를 은혜로 알았기에 은혜를 체험한 이후에 그가 보여준 성숙한 태도이다. 아브라함은 자신이 얻은 것의 십 분의 일을 멜기세덱에게 드렸다.

살렘 왕 멜기세덱이 떡과 포도주를 가지고 나왔으니 그는 지극히 높으신 하나님의 제사장이었더라 … 너희 대적을 네 손에 붙이신 지극히 높으신 하나님을 찬송할지로다 하매 아브람이 그 얻은 것에서 십분의 일을 멜기세덱에게 주었더라 **창 14:18,20**

멜기세덱은 왕인 동시에 제사장으로 기록되어 있다. 아브라함이 그에게 자기가 얻은 것의 십분의 일을 드린 것은 자신이 얻은 승리는 오직 하나님의 은혜로 된 것이라는 신앙고백 아니었겠는가? 귀한 땀과 눈물의 결정체를 아끼지 않고 십분의 일을 구별하여 하나님께 드릴 힘도 바로 이 은혜에서 비롯된다.

은혜에 대한 자각이 용기를 준다

나는 인생의 고비를 만날 때마다 하나님의 은혜가 개입되기를 간절히 기도한다. 그와 더불어 하나님이 은혜를 주실 때 은혜를 은혜로 아는 영안을 허락해주시기를 기도한다. 그리고 여기서 한 걸음 더 나아가서, 어려울 때 베풀어주셨던 하나님의 은혜에 대한 감사가 메마르지 않는 인생이 되게 해달라고 기도한다.

우리가 은혜를 자각하는 것이 왜 중요한가? 은혜에 대한 자각은 우리에게 기쁨과 감격도 주지만, 용기를 준다. 은혜를 은혜로 아는 것이 삶을 뚫고 나갈 용기를 준다. 힘을 가져다준다. 그뿐만 아니라 그 은혜에 대해 감사하며 하나님께 드리고 주변 연약한 자들에게 베푸는 삶은 우리를 행복의 길로 인도한다.

개척 초기에는 목회에 자신이 없어서 주중에 아무도 없는 컴컴한

본당 가운데 앉아 눈물로 기도했던 연약한 나인데, 목회를 하는 내내 점점 더 담대해지고 있다. 드림센터에 입주한 지 6개월밖에 되지 않았을 때, 드림센터를 사회에 환원하겠다고 선언할 수 있는 용기가 어디서 나왔겠는가? 말도 안 되는 선언을 하는 것 같은데, 거기에 성도들이 힘을 모아주신 것도 하나님의 은혜 덕분이다.

'일만성도 파송운동'도 상상도 할 수 없었던 무모한 선언 아니었는가? 이런 말도 안 되는 일들을 어떻게 선언할 수 있었겠는가? 은혜를 경험했기 때문이다. 그 은혜로 말미암아 비록 연약하고 우둔한 종일지라도 하나님 앞에서 정직하고 진실하기만 하면, 하나님이 반드시 이루어내신다는 용기가 생겼기 때문이다.

난관에 부딪히고 뚫고 갈 힘이 없어서 주저앉아 있다면 '이 난관을 어떻게 뚫고 나가지?' 하며 고민도 해야 하지만, 과거에 주셨던 하나님의 은혜를 떠올려보기 바란다. 과거에 지금보다 더 어려웠을 때, 하나님이 어떤 힘을 주셔서 여기까지 오게 되었는가? 그 은혜가 우리에게 현실을 뚫고 나갈 용기를 준다. 이 사실을 꼭 기억하기 바란다.

두려워하지 말라 내가 너와 함께 함이라 놀라지 말라 나는 네 하나님이 됨이라 내가 너를 굳세게 하리라 참으로 너를 도와주리라 참으로 나의 의로운 오른손으로 너를 붙들리라 **사 41:10**

어릴 때는 이 말씀이 감동은 주었지만 용기는 주지 않았다. 하지만 요즘 이 말씀은 나에게 감동도 주지만 용기를 준다. 지난 세월 하나님이 부어주신 은혜를 경험함으로 점점 더 용감해지고 있기 때문이다.

지금 이 모습에 만족하며 멈추어 서는 인생이 아니라 계속해서 하나님 앞에서 성숙해져가기를 기도한다. 그리고 그 성숙에 힘입어 더욱 담대하게 전진하기 원한다. 왜냐하면 우리는 과정적이고 지향적인 존재로서의 그리스도인이기 때문이다.

창세기 15:1-6

1 이 후에 여호와의 말씀이 환상 중에 아브람에게 임하여 이르시되 아브람아 두려워하지 말라 나는 네 방패요 너의 지극히 큰 상급이니라 2 아브람이 이르되 주 여호와여 무엇을 내게 주시려 하나이까 나는 자식이 없사오니 나의 상속 자는 이 다메섹 사람 엘리에셀이니이다 3 아브람이 또 이르되 주께서 내게 씨를 주지 아니하셨으니 내 집에서 길린 자가 내 상속자가 될 것이니이다 4 여호와의 말씀이 그에게 임하여 이르시되 그 사람이 네 상속자가 아니라 네 몸에서 날 자가 네 상속자가 되리라 하시고 5 그를 이끌고 밖으로 나가 이르시되 하늘을 우러러 뭇별을 셀 수 있나 보라 또 그에게 이르시되 네 자손이 이와 같으리라 6 아브람이 여호와를 믿으니 여호와께서 이를 그의 의로 여기시고

불투명한 미래로
두려울 때

모든 사람은 두려움에서 자유할 수 없다

최근에 본 신문기사 하나가 내 마음을 아프게 했다. 머리기사 제목이 이랬다.

"'세상이 두려워요' 은둔 청년, 전국에 51만 명."

기사 내용을 보니까 외부와 단절된 채 방에만 갇혀 살아가는 은둔 청년이 사회문제로 부상하고 있다는 것이다. 길어지는 취업난, 승자·패자만 존재하는 경쟁적인 사회 분위기 같은 것들이 청년들을 은둔 청년으로 몰고 가고 있다고 한다. 2020년 한국청소년정책연구원의 조사에 따르면 우리나라 청년의 4.7퍼센트가 이 같은 은둔 청년에 해당된다고 하는데, 숫자로 보면 무려 51만여 명이다. 어마어마한 숫자 아닌가?

사실 '은둔형 외톨이'는 1990년대에 일본에서 나타난 현상을 설명하는 용어였다. 그런 기사를 볼 때마다 '일본이 잘사는 나라일지는 몰라도 엉망이네'라는 생각을 했었는데, 이제 이런 현상이 우리나라에서도 점점 확산되는 추세라고 하니 얼마나 슬픈 이야기인가.

일본에 기반을 둔 은둔 청년 지원단체 한국지부에서 일하는 책임자는 이런 분석을 내놓았다. 한국과 중국과 일본은 모두 능력이 있어야 인정받는 능력주의 사회인데, 한국과 일본은 경제 불황까지 겹쳐 기회마저 없는 사회라는 것이다. 청년들이 이런 사회를 살아가다 보니 마음에 좌절과 낙심이 점점 커지고 있다는 것이다.

이런 내용을 다룬 기사를 보고 나니 잔상이 오래 남아서 마음이 좋지 않았다. 그러나 사실은 이런 은둔 청년만 두려움을 느끼는 것이 아니다. 이 땅을 살아가는 모든 사람은 두려움으로부터 자유할 수 없다.

의사인 최현석 교수님이 쓴 《인간의 모든 감정》이라는 제목의 책이 있다. 책에 따르면, 아기가 태어나고 5~7개월이 지나면 두려움을 느끼기 시작한다고 한다. 코로나19가 터지기 전에는 교회에 많은 아기들이 엄마와 함께 나왔다. 아기가 너무 예뻐서 한번 안아볼라치면 엄마 품을 떠나자마자 자지러지게 우는 통에 바로 아기 엄마에게 다시 넘겨주어야 하는 경우가 비일비재다.

그 어린 아기가 세상에 대해 무엇을 알기에 엄마 품을 떠나면 벌써 공포를 느끼고 두려움을 느껴서 자지러지게 우는지. 그런데 이것이 인생이다. 나이가 좀 들면 체면이 있어서 어린애처럼 대놓고 울지 못해서 그렇지 우리에겐 모두 두려움이 있다. 이 땅을 살아가는 모든 사람이 두려움이라는 감정에서 벗어날 수가 없다.

그러다 보니 성경에도 하나님께서 "두려워하지 말라"고 하시는 장면이 자주 나온다. 루마니아가 공산 치하에 있을 때, 그곳에서 복음운동을 하다가 감옥에 갇힌 리처드 범브란트 목사님이 성경에 "두려워하지 말라"는 말씀이 몇 번이나 나오는지 세어봤다고 한다. 그러자 놀랍게도 366번 나온다는 것이다. 1년이 365일 아닌가? 매일매일 하나님의 "두려워하지 말라"라는 말씀을 들어야 살 수 있는 게 우리의 인생이란 것이다. 이런 분석 자체가 현실적인 두려움 때문에 나온 것이라 생각되는데, 인간이 가진 두려움은 감옥에 갇혀 끔찍한 고문을 당하던 리처드 범브란트 목사님에게만 찾아오는 것이 아니다. 전쟁에서 승리했던 아브라함의 내면에도 두려움은 떠나지 않고 여전히 자리 잡고 있었다.

전쟁에서 이겨도 여전히 두렵다

이런 점에서 나는, 창세기 15장 1절에서 하나님께서 아브라함에게 주시는 말씀이 눈물겹다.

이후에 여호와의 말씀이 환상 중에 아브람에게 임하여 이르시되 아브람아 두려워하지 말라 나는 네 방패요 너의 지극히 큰 상급이니라 **창 15:1**

여기 나오는 '이후에'는 언제를 말하는 건가? 아브라함이 자기 힘으로는 절대로 이길 수 없는 전쟁에서 승리하고 포로로 잡혀갔던 조카 롯을 구해낸 기적을 경험한 '이후'를 말한다.

그런데 하나님은 이처럼 가슴 벅찬 승리를 경험한 '이후'에도 두려워하지 말라는 말씀으로 아브라함을 달래고 계신다. 이것이 뭘 의미하겠는가? 그 놀라운 승리를 경험했던 아브라함이었지만 아브라함 내면에는 여전히 두려움이 도사리고 있었음을 알 수 있다. 이것이 인생이다. 겉으로 보기에는 대단한 성공을 하고 화려한 조건을 갖춘 사람이라 하더라도 그 내면에는 해결하기 어려운 두려움이 존재한다. 전쟁에서 질 때만 두려운 것이 아니라, 전쟁에 승리해도, 원하던 대로 조카를 구해내도 여전히 두려운 것이 인생이다.

아브라함은 왜 두려웠을까?

그렇다면 이런 질문이 가능할 것이다. 아브라함은 도대체 무엇 때문에 그렇게 두려웠을까? 아마도 겉으로 보이는 표면적인 이유가 있고, 보다 심층적이고 본질적인 두려움이 있었을 것이다.

표면적인 문제는, 그 전쟁이 자기 힘으로 이긴 것이 아니었기 때문에 적들이 언제 다시 정비해서 공격해올지 알 수 없는 상황이 가져다주는 두려움이다. '그들이 보복하러 왔을 때 내가 힘을 갖추고 있지 못하다면?'이라는 현실적인 두려움이 있었을 것이다.

그런가 하면 아브라함에게는 보다 근원적이고 심층적인 두려움이 있었다. 본문의 흐름을 보면 아브라함의 근원적인 두려움이 무엇인지 금방 발견할 수 있다. 1절에서 하나님이 "아브람아, 두려워하지 말아라. 나는 너의 방패다. 네가 받을 보상이 매우 크다"(새번역)라고 말씀하시자마자 아브라함에게서 툭 튀어나온 말이 무엇인가?

> 아브람이 이르되 주 여호와여 무엇을 내게 주시려 하나이까 나는 자식이 없사오니 나의 상속자는 이 다메섹 사람 엘리에셀이니이다 **창 15:2**

하나님이 아브라함에게 "네가 받을 보상이 매우 크다"라고 하시자 그 말씀에 나온 아브라함의 반응이 이것이다.

'보상이 크면 뭐 합니까? 물려줄 자식도 없는데!'

이런 아브라함의 반응을 보면 그의 내면에는 보다 근본적인 두려움이 있었음을 알 수 있다.

'나는 하나님의 약속을 믿고 여기까지 따라왔는데 하나님의 약속은 이루어진 것이 없다. 자녀를 주시겠다는 약속은 이루어지지 않고 있다. 전쟁에서 한 번 이기면 무슨 소용인가? 하나님이 많은 것을 주신대도 그것이 무슨 소용인가? 나에겐 자식이 없는데.'

여전히 하나님의 약속이 성취되고 있지 않은 것에 대한 근본적인 두려움이 아브라함 안에 있었다.

상담학 용어 중에 '중간지대의 불안'이란 말이 있다. 서커스에서 공중그네 타는 사람이 다음 줄을 잡기 위해 자기가 의지하던 줄을 놓고, 다음 줄을 잡기 전의 그 짧은 순간, 의지할 것이 아무것도 없는 그 순간에 찾아오는 것이 중간지대의 불안이다. 예수 믿는 모든 사람이 겪고 있는 두려움이 바로 이 중간지대의 불안이다.

순간순간 하나님의 은혜로 여러 가지 위기를 모면하며 살아가지만, 영원한 하나님나라 본향에서 온전히 하나님의 은혜를 누리며 사는 일은 아직 일어나지 않았다. 그것이 불안한 것이다. 아브라함이 가진 두려움도 바로 이것이었다.

두려운 마음이 위험한 까닭

지금 아브라함은 미래에 대한 불확실성 때문에 마음에 있던 두려움을 드러냈다. 이해할 수 있지 않은가? 그런데 우리가 알아야 할 것은, 아브라함이 겪고 있는 상황은 이해가 되지만, 하나님을 향한 불신에서 오는 두려움의 위험성이 큼을 기억해야 한다. 하나님을 불신해서 생긴 두려움은 그 사람의 판단력을 흐리게 만든다.

본문 2절에 나오는 아브라함의 모습을 다시 보라.

"아브람이 이르되 주 여호와여 무엇을 내게 주시려 하나이까 나는 자식이 없사오니…."

이렇게 질문하고는 하나님의 답을 기다리지 못하고 바로 자기 스스로 그 질문에 대한 답을 한다.

나의 상속자는 이 다메섹 사람 엘리에셀이니이다. 아브람이 또 이르되

주께서 내게 씨를 주지 아니하셨으니 내 집에서 길린 자가 내 상속자가 될 것이니이다 **창 15:2,3**

이것이 자기가 생각하는 대안이라는 것이다. 지금 아브라함이 어떤 상태인지 알겠는가? 불안한 것이다. 불안하니까, 두려우니까 하나님께 질문을 던져놓고는 답을 기다리지 않는다. 기도는 기도대로 하고, 자기가 하고 싶은 대로 하며 사는 것, 어디서 많이 본 익숙한 모습 아닌가? 불투명한 미래에 대한 두려움이 내면에 자리 잡고 있으면, 그때는 뭘 하면 안 된다. 판단력이 흐려져 잘못 판단할 수 있기 때문이다.

가끔 TV에서 시사프로그램을 보다가 가슴이 너무 아플 때가 있다. 조기 은퇴하고 받은 퇴직금과 그동안 모은 돈을 모두 합쳐 치킨집 하나 차리려다가 사기당해서 돈 다 날리고 어쩔 줄 모르는 사람들을 볼 때면, 남의 일인데도 마음이 먹먹하다.

'저걸 어떻게 하나? 젊을 때는 다시 일어서기라도 하지, 그동안 모아둔 모든 것을 다 잃었는데 이제 저 사람은 어떻게 해야 하나?'

사기꾼의 감언이설에 있는 돈 없는 돈 다 끌어모아서 투자했다가 모은 돈 모두 날리는 경우를 보면 늘 마음에 질문이 생긴다. 왜 그렇게 현명하고 똑똑하던 사람이 귀가 얇아져서 재산을 다 잃고 말았을까? 대답은 간단하다. 막연하고 불투명한 미래에 대한 두려움이 그 사람의 판단력을 흐리게 만든 것이다.

그래서 본문 말씀을 통해 우리 삶에 불투명한 미래 때문에 두려움이 올 때 꼭 기억해야 할 두 가지 대안을 함께 나누고 싶다.

두려움이 밀려들 때, 하나님께 의뢰하라

내면에 두려움이 몰려올 때 우리가 해야 할 첫 번째는 '그 문제를 가지고 하나님께 의뢰하는 것'이다. 하나님께 의뢰하고 하나님의 말씀으로 교정을 받아야 한다.

본문에서 아브라함이 잘한 게 이것이다. 1절에서 하나님이 "아브람아 두려워하지 마라. 네가 받을 보상이 매우 크다"라고 하실 때 그는 맹목적으로 그냥 "아멘" 하지 않았다. 우리가 말씀 가운데 "아멘"으로 화답하는 것은 좋다. 하지만 아무 생각 없이 기계적으로 쿡 찌르면 "아멘" 하는 것은 굉장히 위험하다.

아브라함은 그렇게 하지 않았다. 어떻게 보면 굉장히 무례하게 답하지 않았는가? 하나님께서 "네가 받을 보상이 매우 크다"라고 하시는데 "그게 무슨 소용입니까? 나는 자식이 없으니 내 집에서 길린 자가 내 상속자가 될 것입니다"라고 답한다. 자기가 가진 대안을 내놓으며 불만을 토로한다.

그러자 하나님께서 말씀으로 그 생각을 교정해주시며 지침을 내려주신다.

여호와의 말씀이 그에게 임하여 이르시되 그 사람이 네 상속자가 아니

라 네 몸에서 날 자가 네 상속자가 되리라 하시고 **창 15:4**

아브라함 내면에 불신이 싹튼 것은 잘못된 일이지만 그 사실을 하나님께 토해놓은 것은 잘한 일이다. 그래야 하나님의 교정을 받을 수 있기 때문이다. 우리 삶 가운데 우리의 잘못된 생각과 판단이 교정되는 일이 일어나고 있는가? 깊이 돌아보고 생각해보라. 우리 삶 속에서 말씀으로 생각을 교정해주시고 가야 할 바를 알려주시고 올바른 지침을 내려주시는 말씀의 능력을 경험하고 싶다면 하나님께 기도하라.

바벨탑을 쌓다가 망한 사람들이 범한 잘못이 이것이다.

또 말하되 자, 성읍과 탑을 건설하여 그 탑 꼭대기를 하늘에 닿게 하여 우리 이름을 내고 온 지면에 흩어짐을 면하자 하였더니 **창 11:4**

바벨탑을 쌓았던 자들이 왜 그렇게 높은 탑을 쌓기를 원했을까? 그들은 하나님의 홍수 심판을 경험했던 자들이다. 아마도 홍수 심판을 겪고 트라우마가 생겼을 것이다. 얼마나 두려웠겠는가? 그러나 바벨탑을 쌓으려던 사람들이 저지른 치명적인 잘못이 무엇인가? 하나님께 의뢰하지 않은 것이다.

'하나님, 홍수 이후로 너무 두렵습니다. 어떡하면 좋겠습니까?'

이렇게 의뢰했다면 하나님이 그들의 두려움을 교정해주시고 바른 지침을 내려주셨을 것이다.

인간의 원죄가 무엇인지 아는가? 창세기 3장에서 아담과 하와가 범죄한 후에 보여준 너무나 잘못된 모습이 오늘 우리의 모습이다.

> 그들이 그날 바람이 불 때 동산에 거니시는 여호와 하나님의 소리를 듣고 아담과 그의 아내가 여호와 하나님의 낯을 피하여 동산 나무 사이에 숨은지라 여호와 하나님이 아담을 부르시며 그에게 이르시되 네가 어디 있느냐 이르되 내가 동산에서 하나님의 소리를 듣고 내가 벗었으므로 두려워하여 숨었나이다 **창 3:8-10**

원죄의 가장 치명적인 것이 바로 이것이다. 하나님과의 단절. 하나님께 의뢰하지 못하고 자기 방식대로 옷 지어 입고 숨어버린다. 두렵기 때문이다.

아브라함에게 배워야 한다. 아브라함은 무례하고 당돌하게 보일 정도로 하나님께 솔직하게 말씀드렸다. 하나님은 그런 아브라함을 탓하지 않으셨다. 이것이 중요하다.

시편을 읽어보라. 시편에 하나님 찬양만 있다고 생각하면 오해다. 하나님을 향한 원망, 왜 악한 것들을 내버려 두시느냐는 토로부터 원수를 갚아달라는 청원, 자신의 처지에 대한 한탄까지 사람의 모든 희로애락을 다 쏟아놓는 것을 허락해주시는 분이 우리 하나님이시다.

그래서 나는 인생의 불투명한 미래 때문에 두렵고 불안하면 '아,

지금은 내 인생을 하나님께 의뢰할 때구나'라고 생각한다. 그리고 하나님께 내 인생을 아뢰고 질문하고 어떻게 하면 좋을지 의뢰한다. 내 분별력은 너무나 흐리니.

> 너희 염려를 다 주께 맡겨버리라 이는 저가 너희를 권고하심이니라
>
> **벧전 5:7, 개역한글**

우리 염려를 누구에게 맡겨야 하는가? 주께 맡겨야 한다. 주님이 우리를 지도해주시기 때문이다.

두려움이 밀려들 때, 시야를 넓게 가져라

우리 내면에 두려움이 몰려올 때 우리가 취해야 할 두 번째 대안은, '보다 넓은 시야로 그 상황을 바라보는 훈련'을 하는 것이다.

본문 5절을 보면 하나님께서 굉장히 독특한 행동을 하신다. 4절에서 아브라함의 생각을 하나님의 말씀으로 교정해주셨으면, 보통은 거기서 끝난다. 그런데 하나님은 "그를 이끌고 밖으로 나가" 이르셨다. 굉장히 강렬한 표현이다.

> 그를 이끌고 밖으로 나가 이르시되 하늘을 우러러 뭇별을 셀 수 있나 보라 또 그에게 이르시되 네 자손이 이와 같으리라 **창 15:5**

이 말씀을 한참 동안 묵상했다. 하나님께서 왜 이러셨을까? 어렴풋이 알 것 같긴 한데, 구체적으로는 다 이해가 되지 않았다. 말씀으로 다 교정해주셨는데 왜 평소에 안 하시던 강렬한 표현으로 아브라함을 이끌고 나가서서 '너 저 별 다 셀 수 있어?'라고 하셨을까?

이 부분을 거의 한 주 내내 묵상하다가 예레미야서의 말씀 한 구절이 툭 떠올랐다.

> 아, 주 하나님, 보십시오, 크신 권능과 펴신 팔로 하늘과 땅을 지으신 분이 바로 주님이시니, 주님께서는 무슨 일이든지 못하시는 일이 없으십니다. 렘 32:17, 새번역

불투명한 미래로 두려움에 빠져본 적이 있다면 알 것이다. 생각이고 행동이고 모든 것이 점점 안으로 좁혀진다. 아브라함도 그랬다. 온통 좁은 생각에만 함몰되어 '왜 내게는 자식이 없는 거지? 하나님이 약속하셨는데 왜 안 주시는 거지?'라는 생각에만 빠져 있었다. 그런 아브라함을 하나님이 밖으로 데리고 나가서서 무엇을 보여주셨는가? 수많은 뭇별을 보여주시며 '너 저거 셀 수 있니?'라고 물으셨다. 아브라함의 생각이 자기 안에 고착되지 않고 생각의 지경이 더 넓어지기를 원하셨던 것이다.

나는 새벽에 일어나서 종종 창문을 열고 하늘을 올려다본다. 새벽에 일어나서 하늘을 올려다보면 우선 새벽공기가 너무 좋다. 공

기만 좋은 게 아니다. 물론 시골처럼 하늘에서 별이 쏟아지는 것은 아니지만, 너무 예쁘게 떠 있는 달이나 별을 보며 영적인 리프레시(refresh)를 경험한다. 어느 날은 달이 너무 둥글고 예쁘게 떠 있었는데, 그것을 보며 저절로 독백이 나왔다.

'하나님, 저도 아브라함처럼 내면에 두려움이 많습니다. 제 안에 두려움이 많은데 아내에게도 얘기를 못 하겠고, 성도들에게도 나눌 수가 없습니다. 하나님, 아브라함처럼 저의 생각도 넓혀주시면 좋겠습니다.'

《세계는 넓고 할 일은 많다》라는 제목의 책이 있다. 김우중 전 대우그룹 회장의 책인데, 그 책을 읽어보진 않았지만 그 제목은 내 시야를 넓게 가지려는 데 종종 영향을 미친다. 우리 아이들에게도 자주 이야기한다.

"너희들은 행동반경이나 생각이 어떻게 그렇게 좁니? 중학교 1학년 때 발견한 꿈 가지고 온 세상이 그것 하나밖에 없는 것처럼 살면 나중에 굉장히 후회하게 된다. 눈을 좀 더 높은 데로 돌려라. 1층에서 바라보는 세상과 옥상에 올라가서 바라보는 세상은 전혀 다르다. 온 동네가 다 보인다. 그러니 더 넓은 곳을 바라봐라."

내가 우리 아이들에게 그런 이야기를 할 때마다 마치 하나님이 내게도 그 마음을 주시는 것 같다.

생각도 많고 불투명한 미래에 대한 염려도 많은데, 이것을 나눌 데는 없어서 답답한 길을 걸어가고 있는가? 하나님은 우리를 이끌어 뭇별을 보게 하신다.

나는 낮에도 종종 하늘을 본다. 낮에 보는 하늘에는 구름이 참 멋있다. 저녁에 다시 창문을 열고 하나님이 만드신 하늘을 올려다보면 너무너무 아름답다. 사람들은 밝은 낮에 멀리 볼 수 있을 것으로 생각하지만, 그것은 완전히 착각이다. 진짜 멀리 있는 것은 밤에만 보인다. 낮에 별이 보이는가? 달이 보이는가? 진짜 중요한 것은 밤에 보인다.

지금 미래가 답답한가? 두려움이 많은가? 지금이야말로 하나님의 말씀으로 교정을 받을 때다. 지금이야말로 인생의 캄캄한 밤에 하나님의 일하심을 목도할 때이다.

가장 아픈 순간에 가장 위대한 탄생의 씨앗이 심겨졌다

혹시 고도원 원장님을 아는가? 이분은 이메일이 처음 확산되던 때부터 〈고도원의 아침편지〉라는 타이틀로 매일 아침 주옥같은 짧은 글을 메일로 보냈는데, 독자가 거의 400만 명에 이른다고 한다. 지금은 '아침편지문화재단'을 만들어서 '깊은산속 옹달샘'이라는 명상치유센터를 만들어서 운영하고 있다. 거기에 대안학교와 지친 사람들이 와서 쉬어갈 수 있는 쉼터를 만들었다.

나도 그곳을 방문한 적이 있다. 가서 전체를 둘러보고 고도원 대표님과 만나 하루를 같이 보냈는데, 돌아오면서 얼마나 마음이 벅찼는지 모른다. '한 개인도 저렇게 하는데 가평우리마을도 진짜 쉼터가 되도록 할 수 있겠다'는 꿈이 마음에 솟아올랐다.

고도원 원장님은 연세가 일흔이 넘었지만, 대화해보면 청년보다 더 꿈이 많으시다. 알고 봤더니 장로님이시고, 아버지가 시골 교회 목사님이었다. 언젠가 이분이 청소년들에게 했던 강의를 유튜브로 본 적이 있다. 시골 교회 목사님의 자녀로 자라면서 너무너무 가난해서 도시락도 못 싸서 다녔을 정도라고 한다. 그리고 이사를 열 번도 넘게 다녔는데, 그 때문에 친구도 사귀는 게 어려웠다. 친구를 사귈 만하면 짐 싸야 하고 또 친구 좀 사귈 만하면 전학 가야 하고. 그러니 얼마나 상처가 많았겠는가.

강의에서 인생의 결정적인 계기를 들었는데, 내 짐작으로는 이사한 지 얼마 안 되어서 일어난 일인 것 같다. 아이들이 낯선 아이를 잘 받아주지 않으니 자연히 왕따가 되었다. 그래서 외롭게 지내는데, 한번은 동네 형이 자기에게 너무 따뜻하게 다가왔다고 한다. 그렇게 소외받는 중에 누가 다가오면 그 사람이 얼마나 반갑고 고맙겠는가? 그래서 그 형이 오라는 곳으로 따라나섰는데, 알고 봤더니 계략을 꾸민 것이다. 밟으면 쑥 빠지게 위장해놓고 유인했는데, 빠지면 똥통이었다.

안 그래도 외롭고 아픔 많은 아이가 온몸에 똥 범벅이 되었는데 그걸 깔깔 웃으면서 조롱하는 모습을 보며 그 어린아이가 살의를 느꼈다고 한다. 그게 너무나 큰 충격이 되어서 실어증이 올 정도였다. 그때부터 상처가 너무 커서 문밖을 나가지 못했다고 한다. 그 시골에서 종일 집에서 무엇을 했겠는가? 아버지가 목사님이셨으니 집에 있는 게 책밖에 없어서 종일 책만 읽었다고 한다.

강의할 때 이런 말을 했다. 그 고독하고 외로운 시간에 할 것이 없어서 책을 읽기 시작했는데, 이분 표현으로, 똥통에 빠진 그 사건은 대한민국 최고의 독서가를 탄생시킨 순간이었다고.

이분은 무려 25권의 저서를 발간한 저자이기도 하고, 〈고도원의 아침편지〉는 400만 명에 가까운 독자들이 생길 만큼 영향력을 미치고 있다. 그래서 '아침편지문화재단'까지 만들게 되었다. 이 엄청난 일을 하게 된 첫 단추가 똥통에 빠진 그 사건이었다. 이분이 이런 말도 했다.

"그때 만약에 내가 집에서 그림을 그리기 시작했다면 피카소 같은 위대한 화가가 됐을지 모르고, 그때 내가 노래를 계속 연습했으면 성공한 가수가 됐을지 모르겠다."

그 말을 듣고 아이들은 깔깔 웃는데, 나는 울컥했다. 너무 맞는 말이기 때문이다.

우리도 어두운 밤을 만나고, 불투명한 미래에 대한 두려움 때문에 잠을 이루지 못하고, 고도원 원장님처럼 실어증이 오거나 대인기피증으로 고통받을 때도 있다. 그 정도로 어려운 고통은 아니라 할지라도 누구나 다 아픔이 있고 상처가 있다. 우리 삶 가운데 그런 인생의 밤이 온다면 지금이야말로 하나님 말씀으로 교정을 받을 때임을, 하나님의 지침을 받을 때임을, 우리의 생각이 확장될 때임을 믿기 바란다.

내 영혼아 네가 어찌하여 낙심하며 어찌하여 내 속에서 불안해 하는가 너는 하나님께 소망을 두라 그가 나타나 도우심으로 말미암아 내가 여전히 찬송하리로다 시 42:5

마음에 낙심과 불안이 오면 그때 우리가 기억해야 할 지침이 이것이다. 하나님께 소망을 두어야 한다. 그분이 나타나 도우심으로 말미암아 우리는 여전히 찬송할 수 있다는 사실을 확신해야 한다.

그리고 그 두려움 속에서 조급하게 무언가를 판단하거나 결정하는 것은 굉장히 위험할 수 있다는 것을 반드시 기억해야 한다.

하나님이 우리에게 주신 것은 두려워하는 마음이 아니요 오직 능력과 사랑과 절제하는 마음이니 딤후 1:7

두려움이 올 때 절제해야 한다. 내가 뭘 해보려고 할수록 점점 수렁으로 빠져들어 간다. 그러므로 두려움이 많을 때는 행동하기 이전에 생각해야 한다. 두려움 많고 생각 많은 우리를, 생각의 폭이 너무 좁고 판단력이 흐린 우리를 하나님이 어떻게 인도해주셨는지를 기억해야 한다. 그리고 그 기억이 가져다주는 감격으로 하나님을 찬양할 때 우리 안에 있는 두려움이 안개처럼 사라지는 것을 경험하고 누리게 된다. 삶 속에서 이런 일들을 자주 경험하게 되기를 바란다.

7 또 그에게 이르시되 나는 이 땅을 네게 주어 소유를 삼게 하려고 너를 갈대아인의 우르에서 이끌어 낸 여호와니라 8 그가 이르되 주 여호와여 내가 이 땅을 소유로 받을 것을 무엇으로 알리이까 9 여호와께서 그에게 이르시되 나를 위하여 삼 년 된 암소와 삼 년 된 암염소와 삼 년 된 숫양과 산비둘기와 집비둘기 새끼를 가져올지니라 10 아브람이 그 모든 것을 가져다가 그 중간을 쪼개고 그 쪼갠 것을 마주 대하여 놓고 그 새는 쪼개지 아니하였으며 11 솔개가 그 사체 위에 내릴 때에는 아브람이 쫓았더라 12 해 질 때에 아브람에게 깊은 잠이 임하고 큰 흑암과 두려움이 그에게 임하였더니 13 여호와께서 아브람에게 이르시되 너는 반드시 알라 네 자손이 이방에서 객이 되어 그들을 섬기겠고 그들은 사백 년 동안 네 자손을 괴롭히리니 14 그들이 섬기는 나라를 내가 징벌할지며 그 후에 네 자손이 큰 재물을 이끌고 나오리라 15 너는 장수하다가 평안히 조상에게로 돌아가 장사될 것이요 16 네 자손은 사대 만에 이 땅으로 돌아오리니 이는 아모리 족속의 죄악이 아직 가득 차지 아니함이니라 하시더니 17 해가 져서 어두울 때에 연기 나는 화로가 보이며 타는 횃불이 쪼갠 고기 사이로 지나더라 18 그 날에 여호와께서 아브람과 더불어 언약을 세워 이르시되 내가 이 땅을 애굽 강에서부터 그 큰 강 유브라데까지 네 자손에게 주노니 19 곧 겐 족속과 그니스 족속과 갓몬 족속과 20 헷 족속과 브리스 족속과 르바 족속과 21 아모리 족속과 가나안 족속과 기르가스 족속과 여부스 족속의 땅이니라 하셨더라

12 chapter

절박함이
두려움을 이기는 힘이다

조금 이상한 인문학 열풍

최근 우리나라에 인문학 열풍이 불고 있다고 해도 과언이 아니다. 신간 서적을 봐도 그렇고 많은 인문학 인터넷 강의를 봐도 그렇고, 지금 인문학에 관심이 굉장히 고조된 상황을 볼 수 있다.

이런 현상을 다룬 강의를 들은 적이 있다. 서강대 철학과 최진석 교수의 강의였는데, 나에게 메시지가 되는 중요한 포인트가 있었다. 최진석 교수는 지금 불고 있는 인문학 열풍은 전문 연구자들에 의해서가 아니라 기업인들의 주도로 일어나고 있다고 분석하면서, 무척 흥미로운 현상이라고 말했다.

대학이나 인문학을 전문적으로 연구하는 사람들 사이에서는 인문학이 위기를 맞았다는 분석이 나오는데, 인문학과는 전혀 상관없을 것 같은 기업인들 사이에서 인문학 열풍이 부는 이유가 무엇인가? 이 질문에 대한 답을 강의에서 들을 수 있었다.

원래 '학'(學)은 정지해 있는 것이다. 그러면서 설명하기를, 세계는 지금 어느 때보다 역동적으로 움직이고 있는데 인문학을 '학'으로 다루고 있는 사람들은 멈춰 있어서 나타나는 현상이라는 것이다.

사실 기업가들은 굉장히 예민한 촉을 갖고 있다. 왜냐하면 하루에도 몇 번씩 사업이 흥할지 망할지 모르는 생과 사의 경계에 있기 때문에 예민한 감각을 갖고 있지 않으면 생존할 수 없다. 그런 예민한 감각을 가진 기업가들이 인문학에 많은 관심을 가지고 투자하는 것은, 인문학이 돈이 된다는 것을 알았기 때문이다. 그러면서 뜨끔한 질문을 던진다.

"왜 기업인들은 대학의 인문학 위기는 외면하고 따로 인문학 과정을 만들어서 사용하고 있는가?"

최진석 교수는 그 질문에 또 다른 질문으로 답을 던진다.

"기존의 인문학이 새로운 문명, 새로운 인류를 담아내지 못하고 있기 때문은 아닌가?"

내가 왜 이 질문에 뜨끔했을까? 이분 강의의 요지가 무엇인가? 세상은 지금 활발하게 움직이고 있는데 그저 사변적이고 이론적인 것에만 머무는 인문학으로는 안 된다는 말이다.

여기에 '인문학' 대신 '목회'란 단어를 대입하니 그것이 나에게 경고가 되었다. 아무리 그럴듯한 이론으로 무장한 인문학이라 할지라도 그것이 삶의 현장에서 그저 이론으로만 끝난다면 지금 생사를 다투는 기업들은 별로 의미를 찾지 못한다. 그렇다면 내 설교도 마찬가지 아닌가? 아무리 그럴듯하게 기승전결 논리를 잘 갖추어도 이것이 삶의 현장에서 역동적으로 작동되는 능력으로 나타나지 않으면 안 된다는 것이다.

현실에서 힘을 잃으면 힘이 없다

언젠가 친한 교수님을 만나 이런저런 이야기를 나누었다. 그 교수님은 교수로 사는 게 너무 힘들다고 하셨다. 특히 공대는 매년 기술 발전이 어마어마하게 일어나기 때문에 계속 공부해야 한다는 것이다. 그래서 내가 농담으로 이렇게 말했다.

"그런 점에서는 목사가 좋습니다. 성경은 절대로 바뀌지 않으니 한 번만 습득하면 평생 사용할 수 있으니까요."

물론 농담이다. 성경은 바뀌지 않지만, 너무나 급변하는 세상을 살아가고 있기에 시대의 변화와 흐름에 맞춰 어떻게 하나님의 말씀이 오늘 이 시대를 살아가는 이들에게 실제적인 힘이 되도록 할 것인지에 대한 고민이 늘 설교자에게 있다.

그래서 나는 젊은 신학생들에게 신학교를 다니는 동안 두 가지 균형을 반드시 이루어내야 한다고 늘 강조한다. 첫째는 체계적인 신학 공부를 이루는 것이다. 교리 공부를 해야 한다. 게을리하면 안 된다. 그래서 우리 교회에서 시무하는 교육전도사님들에게는 방학 때는 어지간하면 일을 많이 안 맡기려고 한다. 공부해야 하기 때문이다. 신학 공부를 제대로 안 해서 기독교가 뼈도 없는 오징어같이 흐물거리는 종교가 되면 어떡하겠는가? 하나님에 대한 정확한 학문이 우리 머릿속에 철저하게 습득이 되어야 제대로 목회할 수 있다.

그런가 하면 또 하나 이뤄야 할 균형은, 신학이 이론으로 끝나지 않도록 신학생 시절에 하나님을 많이 경험하는 것이다. 우리 하나님은 책 속에 갇혀 계시는 분이 아니라 오늘도 삶의 현장에서 역동적으로 일하시는 분이다. 이 사실을 인식하는 것이 신학을 잘 배우는 것 이상으로 중요하다. 지식으로만 아는 하나님이 아니라 실제 삶 속에서 역사하시는 하나님, 나의 고민과 내가 가지고 있는 두려움을 다루시며 오늘 여기 계시며 말씀하시는 하나님, 응답하시는 하나님을 경험해야 한다.

옛 어른들은 현실의 어려운 문제를 직면할 때마다 '이 소나무 뿌리가 뽑힐 때까지 기도한다'라는 각오로 하나님 앞에 밤새 매달리며 기도했다. 이런 간절함을 회복하는 것이 어찌 신학생들에게만 해당하는 것이겠는가?

우리에겐 절박함이 있는가?

앞에서 언급한 인문학 강의가 왜 내게 도전이 되었겠는가? 요즘 교회가 위기이고, 코로나19라서 교회에 모이지 못하는 답답한 현실을 뛰어넘어서 오늘도 살아 계신 하나님, 인격적인 하나님을 내가 만나야 산다. 그 하나님과 교제해야 내가 산다. 학문으로서의 하나님, 성경 지식으로서의 하나님을 뛰어넘어 오늘도 살아 계신 하나님, 위기 속에서 생명력으로 다가오시는 그 하나님을 절박한 마음으로 만나야 한다는 것이다.

그렇기 때문에 지금이야말로 예수님의 십자가의 도, 하나님의 능력을 경험하지 않고는 절대로 우리가 기독교인 행세하며 살 수 없는 시대다.

> 십자가의 도가 멸망하는 자들에게는 미련한 것이요 구원을 받는 우리에게는 하나님의 능력이라 **고전 1:18**

이 책의 앞부분에서 소개한 어느 막국숫집 사장님의 이야기나 덕양중학교 교장 선생님의 이야기도 같은 맥락이다. 이 두 분의 공통점은 절박함이다. 서울에서 큰 식당을 하다가 망해서 정리하고 변두리에 빚내서 식당을 개업했는데, 여기서도 잘 안되면 우리는 끝이라는 그 절박함. 학생들은 계속 이사 가서 줄고 언제 폐교가 될지 모르는 위기감 속에서 늘 하던 대로 해서는 안 된다는 절박함. 이 절박함이 이전보다 더 아름답게 회복시키는 열매가 된 것이 아닌가?

이런 상상을 해봤다. 만약에 막국숫집 사장님과 덕양중학교 교장 선생님이 자리를 바꿨다면 어땠을까? 막국숫집 사장님이 덕양중학교 교장으로 부임하고, 덕양중학교 교장 선생님이 막국숫집 사장님이 됐다면 어땠을까? 아마 그래도 성공했을 것 같다. 원리는 같기 때문이다.

우리는 삶에 대해, 하나님에 대해, 그리고 신앙에 대해 이런 절박함이 있는가? 하나님에 대해 알려고 절박하게 매달려봐야 할 것 아닌가? 우리 영혼이 달린 문제인데.

아브라함의 절박한 외침

창세기 15장의 아브라함에게는 이런 절박함이 있었다. 1절에서 하나님이 "아브람아 두려워하지 말라 나는 네 방패요 너의 지극히 큰 상급이니라"라고 하시니 아브라함이 듣기에 따라서는 엄청 무례하고 믿음 없는 대답을 했다.

"주 여호와여 무엇을 내게 주시려 하나이까 나는 자식이 없사오니 나의 상속자는 이 다메섹 사람 엘리에셀이니이다"(창 15:2).

하나님은 버릇없어 보이는 아브라함의 이 말을 왜 수용했을까? 하나님은 아신다. 아브라함이 책상에 앉아 성경공부하면서 하나님께 비아냥거린 게 아니란 것을 말이다.

"무엇을 내게 주시려 하나이까 나는 자식이 없사오니"라는 말은 하나님을 향한 아브라함의 절규다. '내가 하나님의 약속 하나 믿고 갈대아 우르를 떠나왔는데, 하란을 떠나왔는데, 이 약속을 안 이루어주시면 어떻게 합니까'라는 절박한 외침이다.

내가 신학교에 갔을 때 가졌던 절박함이 이것이었다.

'만약에 하나님이 약속을 안 지키는 분이시라거나 만약에 하나님이 안 계신다면, 니체가 말한 것처럼 우리 하나님이 죽은 신이라면 그럼 우리집은 어떻게 되는 겁니까? 하나님께 모든 것을 걸고 기도하다 돌아가신 우리 아버지의 인생은 뭡니까? 우리 어머니는요?'

목사가 되겠다고 신학교를 갔으니 내가 얼마나 하나님을 간절하고 절박하게 사모했겠는가? 그 절박한 사모함 속에서 살아 계신 하나님을 만났다. 그리고 그 하나님이 오늘도 일하고 계신다.

분당우리교회를 개척하고 사역하면서 너무 힘들어서 왜 나에게만 이런 사명이 주어지느냐고 괴로워하는 시간을 보냈지만, 무거운 사명을 짊어졌기에 두려움도 많은 게 사실이지만, 이것이 지금은 살아 계신 하나님을 만나게 하는 아름다운 도구가 되었다. 시간이 지나면 지날수록 '이것이 하나님이 나한테 주신 축복이구나'라는 사실을 깨닫게 된다.

두려움이 없는 사람은 아무도 없다. 마음에 두려움이 많이 밀려오면 지금이야말로 절박함을 가지고 하나님께 나아갈 때이다. 절박함이 두려움을 이기는 힘이다. 절박함 자체가 두려움을 이기는 힘이 아니라, 그 절박함을 가지고 하나님께 나아갈 때, 나의 절박함이 하나님께 부르짖는 도구가 될 때, 그 절박함이 두려움을 이기는 힘이 되는 줄 믿기 바란다.

절박한 심정으로 하나님과 소통하라

그래서 현실의 두려움을 이기기 위한 두 가지를 기도 제목으로 제시하고 싶다. 두려운가? 그렇다면 첫째, '절박한 심정으로 하나님과 소통'해야 한다.

우리 교회 전 교역자에게 〈백종원의 골목식당〉이라는 프로그램을 보고 우리 자신을 점검하는 도구로 사용하면 좋겠다고 권면한 적이 있다.

그날 내용이 이랬다. 엄마와 아들이 함께하는 닭갈빗집인데, 아들이 사장이고 엄마가 직원으로 있었다. 그런데 아들이 나이도 어리고 철이 없어서 그런지, 일은 엄마가 다 하고 아들은 식당에 들락거리는 친구들과 노닥거리기 바빴다. 식당에서 일은 안 하고 다트 게임을 얼마나 열심히 하던지, 화살을 던지는 족족 명중이었다. 청소도 제대로 안 되어 있어서 '으악' 소리가 나올 만큼 지저분했다. 한마디로 기본이 안 되어 있었다. 평소 청결과 기본을 강조하는 백종원 씨에게 얼마나 혼났는지 모른다. 얼마나 뼈아픈 지적과 충고를 들었는지 아들도 울고 엄마도 울었다.

그러고는 백종원 씨가 청소해놓으라고 숙제를 내주고 갔는데, 안타깝게도 그 아들은 달라진 것이 없었다. 여전히 청소는 안 하고 친구들이 부르니 그냥 나가버렸다. 한참 놀다가 들어와서는 청소를 하는데, 방송을 위해 CCTV가 곳곳에 달려 있지 않은가? 그런데 이 청년은 요즘 CCTV가 얼마나 발달했는지 몰랐나 보다. 요즘엔 녹

화만 되는 게 아니라 말소리까지 다 녹음되는데, 그것을 모르고 별소리를 다 한다.

청소하면서 주변 사람에게 "지금 카메라가 돌아가고 있어서 카메라 앞에 있는 것만 닦고 있어요"라고 하질 않나, 아까 백종원 씨 앞에서 울었던 얘기를 하면서 "엄마도 울고 저도 방송용 눈물 좀 흘리고…"라고 한 게 방송에 다 나갔다. 그다음 주에 백종원 씨가 그렇게 화를 내는 것을 나는 처음 봤다. 정말 무섭게 화를 냈다. 그렇게 무섭게 혼나고 나서 정신이 번쩍 든 것 같다. 눈물을 많이 흘리고 그 후에는 진짜 음식도 달라지면서 맛집이 됐다.

내가 왜 이것을 전체 교역자들이 다 보고 영적으로 돌아봤으면 좋겠다고 했느냐면, 혹시라도 교회를 섬기는 우리 목회자들의 태도가 이러하지 않은지 점검하고 돌아보자는 취지였다. 기도회 하니까 모여서 기도한다. 예배드리는 데 참여해야 한다. 할 것은 다 하는데 그 청년처럼 '카메라 보이는 데만 닦으면 되지 뭐' 하면서 건성건성 하면 영혼이 다 죽는다.

목회자들만 그런 것이 아니다. 오래 예수님을 믿었다고 하지만, 직분자라고 하지만 마음의 긴장감이 사라져버린 사람, 마음의 절실함이 없는 사람, 무슨 조언을 하면 면전에서만 끄떡끄떡 잘 듣는 척하고 어떤 변화도 없는 사람은 이것이 진짜 위기라는 것을 알아야 한다. 그 청년은 왜 그렇게 건성건성 청소했을까? 가게를 살려야겠다는 절박함이 없기 때문이다.

한국교회가 위기라고 하지 않는가? 청년들이 지금 교회를 떠난 다고 하는데 그 청년들이 우리 아들이고 딸이다. 그런데도 그렇게 방치하고 내버려두면 되겠는가? 교회가 진짜 위기이다. 코로나19 이후를 염려하는 전문가들의 분석을 두려워해야 한다. 오늘 우리가 진짜 회복해야 하는 것은 이 절박함이다.

절박한 기도를 회복하라

성경에 나오는 인물 중에 에스더라는 여성이 있다. 자기 민족이 절체절명의 위기에 처한 상황에서 그가 보여주었던 절박함을 다 알 것이다.

> 당신은 가서 수산에 있는 유다인을 다 모으고 나를 위하여 금식하되 밤낮 삼 일을 먹지도 말고 마시지도 마소서 나도 나의 시녀와 더불어 이렇게 금식한 후에 규례를 어기고 왕에게 나아가리니 죽으면 죽으리 이다 하니라 에 4:16

하나님은 가녀린 이 여성의 절박함을 보시고 그 민족을 구하시는 분이다. 나라의 문제 때문에, 교회의 문제 때문에 이런 기도를 누군 가에게 한 번이라도 부탁해본 적이 있는가?

'우리 교회를 위하여 함께 금식하며 기도해요.'

'우리나라의 선거를 위해서 함께 기간을 정하고 금식기도 합시다.'

이건 절박함의 문제이다.

모세도 마찬가지 아닌가? 금송아지 사건으로 민족이 멸망할 위기에 놓여 있을 때 모세는 40일 밤낮을 기도했다고 성경에 기록하고 있다.

그런가 하면 삼손, 하나님이 주신 놀라운 재능과 은사를 쓸데없는 데다 쏟아버리고 결국 비참한 인생이 되어버린 사람 아닌가? 그가 두 눈 뽑히고 절망에 빠져 있을 때 깨닫고 절박하게 구했던 기도를 기억하는가?

삼손이 여호와께 부르짖어 이르되 주 여호와여 구하옵나니 나를 생각하옵소서 하나님이여 구하옵나니 이번만 나를 강하게 하사 나의 두 눈을 뺀 블레셋 사람에게 원수를 단번에 갚게 하옵소서 하고 삿 16:28

엄청난 힘과 능력을 갖고 있을 때는 이런 절박함이 없었기 때문에 다 허비해버렸지만, 힘을 잃어버린 상황에서 "이번만 나를 강하게 하사"라고 절박하게 부르짖을 때 하나님은 "넌 끝났어. 이제 기회는 없어. 안 들어줘" 하시는 분이 아니다.

벼랑 끝에 서 있는가? 삼손과 같은 처지에 빠져 있는가? 지금이야말로 절박하게 구할 때이다.

"하나님, 불쌍히 여겨주시고 이번만 나를 강하게 하사."

한국교회가 구해야 할 기도가 이것이다. 마음에 두려움이 밀려올 때 절박한 마음을 가지고 주님 앞으로 나아가는 그런 교회, 그런 성도가 되기를 바란다.

하나님의 대안을 감사함으로 수용하라

현실의 두려움을 이기기 위해서는 둘째, '하나님이 주시는 대안을 그냥 수용하지 말고 감사함으로 수용'해야 한다. 이것이 무슨 말인가?

> 그가 이르되 주 여호와여 내가 이 땅을 소유로 받을 것을 무엇으로 알리이까 **창 15:8**

아브라함이 마음의 두려움을 가지고 질문을 던지지 않았는가? 그랬더니 하나님께서 대안을 주신다.

> 여호와께서 그에게 이르시되 나를 위하여 삼 년 된 암소와 삼 년 된 암염소와 삼 년 된 숫양과 산비둘기와 집비둘기 새끼를 가져올지니라 **창 15:9**

이것이 무슨 명령인가 하면, 하나님께서 아브라함이 응답이 더디 되는 것에 대해 너무 불안해하니까 '네가 그렇게 불안하면 우리 계약을 맺자'라고 하시면서 계약을 맺는 데 필요한 준비물들을 알려주시는 것이다.

아브라함이 이 말씀에 순종하여 준비물을 준비하는데, 10절을 보자.

아브람이 그 모든 것을 가져다가 그 중간을 쪼개고 그 쪼갠 것을 마주 대하여 놓고 그 새는 쪼개지 아니하였으며 창 15:10

지금 아브라함이 짐승들을 쪼개는 게 무엇을 의미할까? 자료를 보니까 고대 근동 아시아에서는 중요한 계약을 맺을 때 짐승을 잡아서 반을 쪼갰다고 한다. 그러고는 계약 당사자들이 그 쪼갠 고기 사이를 지나가는데, 이것은 무슨 의식인가? "내가 만약에 약속을 안 지키면 이 쪼개진 짐승들처럼 돼도 좋습니다"라는 의미다.

이 내용과 관련해서 총신대 김정우 교수님의 논문을 보니까 그 당시 계약 체결 방식이 두 가지 형식이었다고 한다. 하나는 전세 계약처럼 상호 동등한 관계에서 맺는 계약이 있고, 또 하나는 주종 관계로 맺는 계약이 있는데 이 차이가 무엇일까?

동등한 관계에서 맺는 계약은 계약 당사자 둘 다 쪼갠 짐승 사이를 지나간다. 우리가 전세 계약을 할 때 똑같이 도장 찍고 계약서를 둘이 나누어 갖는 것과 같다. 이에 반해 주종 관계에서 맺는 계약은 종만 쪼갠 짐승 사이를 지나간다. 왜 그러는지 짐작이 가지 않는가? 주인이 거길 지나갈 이유가 없는 것이다. 종에게 지나가게 함으로써 내가 이 주인과 맺은 약속을 지키지 않을 때는 저 쪼갠 고기처럼 생명을 잃게 될 것이라는 맹세를 시키기 위해서 그런 계약을 맺는 것이다.

이 사실을 알고 창세기 15장을 읽는데 전에는 없었던 감동이 느껴졌다. 17절을 보라.

해가 져서 어두울 때에 연기 나는 화로가 보이며 타는 횃불이 쪼갠 고기 사이로 지나더라 **창 15:17**

여기에 나오는 '타는 횃불'은 하나님 임재를 상징한다. 지금 누가 지나가고 있는가? 하나님이 지나가고 계신다. 그리고 이후 18절부터 아무리 눈을 씻고 찾아봐도 아브라함이 쪼갠 고기 사이를 지나갔다는 내용이 없다.

뭐가 잘못된 것 아닌가? 주종 간의 계약을 맺을 때는 주인에게 '내가 약속을 안 지키면 저를 이 쪼갠 짐승처럼 죽여도 좋습니다'라는 의미로 종이 지나가야 하는데, 지금 주인이 지나가고 계신다.

이것이 얼마나 큰 은혜인가? 만약에 하나님이 먼저 지나가시고 '나는 약속 지킬 거야. 그다음에 너 지나가. 너 약속 안 지키면 어떻게 되는지 알지?'라고 하셨으면 아브라함이나 우리에게나 이것은 죽음의 계약식이다.

우리가 가야 할 길을 주님이 대신 가셨다

그렇다면 하나님의 대안을 왜 그냥 수용하는 것이 아니라 감사함으로, 눈물로 수용하라고 강조하는가? 막연한 미래에 대한 두려움으로 떨고 있는 아브라함을 위하여 하나님이 횃불 언약을 맺어주고 계신데, 오늘날 우리에게 이것이 왜 감동이 되는가? 이 말씀을 잊으면 안 된다.

> 그리스도께서 우리를 위하여 저주를 받은 바 되사 율법의 저주에서 우리를 속량하셨으니 기록된 바 나무에 달린 자마다 저주 아래에 있는 자라 하였음이라 갈 3:13

본문의 말씀과 십자가가 연결된다는 것이 정말 충격 아닌가? 하나님께서는 아브라함이 통과해야 할 것을 면제해주시는 대신에 하나님이 지나가셨다. 그리고 아브라함을 위시한 인간들이 하나님 앞에서 계약을 파기한 행위에 대해서 우리를 대신하여 독생자 예수 그리스도를 저주의 자리로 가게 하신 사건이 바로 십자가이다.

십자가는 예수님을 구주로 믿는 우리의 모든 출발점이다. 우리의 눈이 밝아지는 것은 성경을 통째로 다 외워서 되는 게 아니다. 십자가를 통과할 때 가능하다. 선한 일을 하고, 구제하고, 내 모든 것을 다 사람 구하는 일에 써서 눈이 밝아지는 것이 아니다.

'아, 하나님과 언약 계약에서 내가 가야 할 길을 십자가를 통하

여 주님이 가셨구나.'

사명도 마찬가지다. 내가 20년째 분당우리교회에서 성도들을 섬길 수 있는 명분을 갖게 된 모든 출발점도 십자가이다. 부족함에도 여전히 맡겨진 인생길을 뚜벅뚜벅 걸어갈 수 있는 원동력이 십자가에 있음을 기억해야 한다. 많이 지쳐 있는가? 하나님의 대안인 십자가를 붙들어야 한다.

두려움이 많은가? 나도 두려움이 많다. 나는 음란과 악함이 전 세계를 뒤덮고 있는 오늘 이 시대가 두렵다. 악한 이 시대의 악한 능력에 비해서 무능하고 무기력한 한국교회와 나 자신의 모습이 나를 두렵게 한다. 너무나 무력한 내가 너무나 많은 성도들을 이끌고 있는 이 막중함이 두렵다.

최근에 사람들이 〈오징어 게임〉이라는 드라마 이야기를 많이 해서 봤는데, 기가 막혔다. 대놓고 사람을 막 죽인다. 아무 잘못도 없는 사람들을 막 죽인다. 오죽하면 미국에서 아이들에게 절대 보여주면 안 된다는 지침이 나왔겠는가? 세계적으로 히트했다고 하는데, 세상 모두가 황폐해져 있는 것 같다. 나는 그게 두렵다. 손발이 잘려버린 것처럼 무기력한 한국교회가 너무 두렵다.

십자가를 바라보자

어떻게 해야 하는가? 하나님의 대안인 십자가를 바라봐야 한다. 바라보되 이것 말고는 대안이 없음을 기억하고 절박한 심정으로 바라봐야 한다. 하나님께서 친히 임재하셔서 타는 횃불로 쪼갠 고기 사이를 지나가셨다. 그것이 우리에게 십자가로 주어진 것이다. 그 십자가를 향한 감사를 교회에서, 가정에서 회복해야 한다.

　오늘 우리가 처한 현실은 날마다 두렵다. 두려운 일투성이다. 그 두려움을 깨치고 일어나 나아가기 위해서는 절박한 마음을 회복해야 한다. 하나님 앞에 나아가 절박하게 외쳐야 한다. 그런가 하면 하나님이 마련해주신 대안, 십자가를 수용하되 감사로 받아야 한다. 예수 그리스도의 십자가를 가지고 감사의 문을 열고 가야 한다. 그럴 때 두려움의 자리에서 일어나 하나님의 언약 안으로 들어갈 수 있다.

창세기 16:1-6

1 아브람의 아내 사래는 출산하지 못하였고 그에게 한 여종이 있으니 애굽 사람이요 이름은 하갈이라 2 사래가 아브람에게 이르되 여호와께서 내 출산을 허락하지 아니하셨으니 원하건대 내 여종에게 들어가라 내가 혹 그로 말미암아 자녀를 얻을까 하노라 하매 아브람이 사래의 말을 들으니라 3 아브람의 아내 사래가 그 여종 애굽 사람 하갈을 데려다가 그 남편 아브람에게 첩으로 준 때는 아브람이 가나안 땅에 거주한 지 십 년 후였더라 4 아브람이 하갈과 동침하였더니 하갈이 임신하매 그가 자기의 임신함을 알고 그의 여주인을 멸시한지라 5 사래가 아브람에게 이르되 내가 받는 모욕은 당신이 받아야 옳도다 내가 나의 여종을 당신의 품에 두었거늘 그가 자기의 임신함을 알고 나를 멸시하니 당신과 나 사이에 여호와께서 판단하시기를 원하노라 6 아브람이 사래에게 이르되 당신의 여종은 당신의 수중에 있으니 당신의 눈에 좋을 대로 그에게 행하라 하매 사래가 하갈을 학대하였더니 하갈이 사래 앞에서 도망하였더라

13 chapter

믿음의 다른 말은
기다림이다

인내하지 못한 결과

성경을 읽다 보면 '절제해라', '인내해라', '오래 참고 견뎌라' 같은 권면의 말씀이 많이 나오는 것을 알 수 있다. 로마서 5장 3,4절의 말씀을 예로 들 수 있다.

다만 이뿐 아니라 우리가 환난 중에도 즐거워하나니 이는 환난은 인내를, 인내는 연단을, 연단은 소망을 이루는 줄 앎이로다 **롬 5:3,4**

야고보서 1장 4절도 마찬가지다.

인내를 온전히 이루라 이는 너희로 온전하고 구비하여 조금도 부족함

이런 식으로 인내를 강조하는 말씀도 많이 나온다.

그런가 하면 인내하지 못하고 급히 서두르다가 어려움을 당하고 낭패를 만나는 사례들도 종종 나온다. 그 대표적인 예가 출애굽기 32장에 나오는 금송아지 우상 사건이다. 모세가 시내산에 율법을 받으러 가서는 아무리 기다려도 안 오자 백성들이 더는 못 견디고 금송아지 우상을 만들어 하나님의 진노를 샀다. 엄청난 위기를 자초한 것이다.

우리가 잘 아는 야곱의 어머니 리브가도 마찬가지다. 야곱을 임신했을 때 하나님께서 약속의 말씀을 주셨다.

'내가 야곱을 강하게 인도할 것이다.'

약속의 말씀을 주셨는데, 법은 멀고 주먹은 가깝다는 말이 있는 것처럼 하나님이 주신 약속의 말씀을 신뢰하지 못하고 기다리지 못해서 야곱으로 하여금 속임수로 아버지의 축복을 받아내게 하려는 잘못된 시도를 하다가 아들이 안 해도 되는 고생길로 들어가게 했다.

이런 일들이 다 인내하지 못하는 데서 생기는 비극이다. 본문에서도 그런 사건이 발생했다.

하나님의 약속을 기다리지 못하는 조급함

아브람의 아내 사래는 출산하지 못하였고 그에게 한 여종이 있으니 애굽 사람이요 이름은 하갈이라 사래가 아브람에게 이르되 여호와께서 내 출산을 허락하지 아니하셨으니 원하건대 내 여종에게 들어가라 내가 혹 그로 말미암아 자녀를 얻을까 하노라 하매 아브람이 사래의 말을 들으니라 **창 16:1,2**

아브라함에게 아직 아이가 없었다. 사라는 "여호와께서 내 출산을 허락하지 아니하셨으니"라고 했지만, 하나님이 허락하지 않으신 것이 아니다. 가장 적절한 하나님의 때를 기다리고 계신 것이다. 하지만 내면의 불신앙으로 인해 아브라함의 아내 사라는 남편에게 첩을 통해 아기를 낳을 것을 요구했다.

바로 앞 창세기 15장에서 하나님께서 친히 쪼갠 짐승 사이를 통과하시면서 하나님 자신의 존재를 걸고 '내가 이 약속을 지킨다'라고 굳건한 약속을 주셨는데도, 인간이 가진 인내의 한계가 이런 것 같다.

이 일로 가장 고통을 많이 당한 사람은 바로 그 일을 제안했던 당사자 사라였다.

아브람이 하갈과 동침하였더니 하갈이 임신하매 그가 자기의 임신함

을 알고 그의 여주인을 멸시한지라 **창 16:4**

이로 인해 가정에 어떤 위기가 찾아오고, 어떤 부작용들이 발생했는지 다 알 것이다. 나는 아브라함과 사라 부부를 보면서 이 말씀이 떠올랐다.

여러분이 하나님의 뜻을 행하고서, 그 약속해주신 것을 받으려면, 인내가 필요합니다. **히 10:36, 새번역**

무엇이 필요하다고 하는가? 인내가 필요하다. 지금 아브라함과 사라가 자녀를 바라는 것은, 평범한 부부가 아들 바라고 딸 바라는 차원이 아니지 않은가?

하나님의 놀라운 역사와 계획이 그를 통해 펼쳐질 텐데, 하나님이 분명한 약속을 주셨는데, 그렇게 인내하지 못하고 자기들 마음대로 서두를 수는 없는 일 아닌가? 이런 차원에서 본문 말씀이 우리에게 주는 메시지가 참 많다.

나는 이 말씀을 묵상하다가 아브라함과 사라가 이런 잘못된 결정을 할 수밖에 없는 위험 요소가 이미 그들 안에 있었다는 것을 발견했다. 그들에게는 잘못된 판단을 할 수밖에 없는 두 가지 위험 요소가 있었다.

상대방을 존중하지 않는 태도

첫 번째 위험 요소는 '상대방을 인격적으로 존중하지 않는 태도'이다. 이런 잘못된 태도에서 잘못된 방법이 나온 것이다.

본문 2절에서 여종 하갈을 대하는 사라의 태도를 보라.

"사래가 아브람에게 이르되 여호와께서 내 출산을 허락하지 아니하셨으니 원하건대 내 여종에게 들어가라 내가 혹 그로 말미암아 자녀를 얻을까 하노라 하매 아브람이 사래의 말을 들으니라"(창 16:2).

5절에서도 마찬가지다.

"사래가 아브람에게 이르되 내가 받는 모욕은 당신이 받아야 옳도다 내가 나의 여종을 당신의 품에 두었거늘 그가 자기의 임신함을 알고 나를 멸시하니 당신과 나 사이에 여호와께서 판단하시기를 원하노라"(창 16:5).

사라가 여종 하갈을 묘사하는 장면을 보면, 그를 인격체로 대하지 않고 있음을 알 수 있다. 하갈을 한 인격체로 존중하기보다는 자기 마음대로 할 수 있는 존재, 자기 목표를 이루고 자기 뜻을 관철하기 위한 수단이자 도구로 취급하고 있다.

충격적인 것은 아브라함에게서도 이런 태도가 똑같이 발견된다는 것이다. 여종 하갈이 임신한 후에 사라를 대하는 태도가 달라지니까 아내 사라가 화가 났다. 그래서 남편에게 불평을 퍼부었는데, 그 불평을 들은 아브라함이 뭐라고 반응하는가? 6절을 새번역으로 보자.

아브람이 사래에게 말하였다. "여보, 당신의 종이니, 당신 마음대로 할 수 있지 않소? 당신이 좋을 대로 그에게 하기 바라오." 사래가 하갈을 학대하니, 하갈이 사래 앞에서 도망하였다. 창 16:6, 새번역

충격적이지 않은가? 아브라함도 하갈에 대해 사라와 똑같이 인식하고 있었다. 하나님은 아브라함을 복의 통로가 되도록 부르셔서 모든 사람이 그를 통해 복을 받는 놀라운 복을 주셨는데, 종을 대하는 아브라함의 태도가 어떻게 이럴 수 있을까?

'아니, 왜 그런 것으로 불평해? 당신 종이니 당신 마음대로 해.'

지금 아브라함과 사라 부부가 가진 잘못된 인식이 무엇인가? 여종 하갈은 자기 종이기에 자기 마음대로 해도 된다는 것이다. 자기 마음대로 아들을 낳게 하든지, 핍박하든지 아무 상관없다는 것이다.

여기서 내가 발견한 게 있다. 아브라함과 사라가 영적으로 문제가 있으니까 하나님의 때와 방법을 기다리지 못하고 자기 마음대로 이상한 방법을 취하며 사람을 비인격적으로 대했던 것처럼, 우리도 하나님 앞에서 영적으로 우둔해지면 사람을 대하는 태도가 이렇게 된다는 것이다.

사람을 기능으로만 대하는 시대

〈오징어 게임〉이라는 드라마를 보면서 마음이 불편했던 지점이 있었다. 드라마가 정말 기발하지 않은가? 우리가 어릴 때 하던 '오

징어 게임', '달고나 뽑기', '무궁화꽃이 피었습니다' 같은 추억의 놀이를 드라마의 소재로 사용한 것이 굉장히 신선하고 기발하다. 그런데 그 기발함이 동심을 다 짓밟아놓은 것 같다.

'무궁화꽃이 피었습니다'는 지금도 어린 자녀를 둔 가정에서는 아이들과 하는 놀이인데, 그것을 살인 도구로 만들어버렸다. 놀이에서 졌다고 무차별적으로 사람을 죽인다. 이런 드라마가 전 세계적으로 주목받았다. 그것이 무엇을 의미하는가? 지금 우리에게는 사람의 목숨을 경시하는 것이 별로 놀랄 일도 아니라는 것이다. 미국에서 툭하면 일어나는 총기 난사 사건이나 우리나라에서도 흔치 않게 벌어지는 묻지 마 살인 같은 것들이 다 생명 경시에서 오는 결과 아니겠는가?

최근에 동네 슈퍼마켓에 갔는데, 계산대에 앞에서 줄을 서서 기다리다가 계산하면서 계산대에서 수고해주는 분들에게 인사하던 모습이 다 사라졌다. "안녕하세요? 수고가 많으십니다" 같은 간단한 인사말이라도 나눌 기회가 사라져버렸다. 모든 사람이 침묵하고 있을 뿐이다. 사람과의 인격적인 관계가 필요 없어졌다.

예전에는 식당에 가면 "설렁탕 한 그릇 주세요. 맵게 해주세요. 맵지 않게 해주세요" 같은 말이라도 했는데, 이제 앞으로는 이런 정겨운 부탁은 하기 어려운 시대가 올지 모른다. 기계로 다 하기 때문이다. 이런 식으로 사람이 하던 일을 기계가 대처하는 시대로 변해가고 있음을 느낄 때마다 마음에 아쉬움과 허전함이 생긴다.

기능적으로 사람을 대하는 현실 속에서 우리가 하나님의 사람이라는 특징을 어디서 나타낼 수 있는가? 예수 믿는 우리조차도 사람들을 대하고 사람들을 상대할 때 기능적으로만 대하고 있지는 않은가?

거래 관계가 아니라 존재가 아름다운 관계

나는 간혹 우리 교회에서 함께 사역하는 교역자들에게 당부하곤 한다. "우리 거래 관계로 만나지 말자. 내가 무엇을 줄 수 있고, 무엇을 받을 수 있는지 따지면서 만나지 말자. 거래 관계가 아니라 서로의 존재가 귀하고 존재가 아름다울 수 있는 만남이 되자."

성도와 독자에게도 똑같은 부탁을 하고 싶다. 예수 믿는 우리는 서로를 만나고 대할 때, 거래 관계로 만나지 말아야 한다. 거래 관계가 우리 안에 자리를 잡는다면 그것은 교회가 아니다.

'교회에 갔더니 얻을 것도 많고, 나한테 친절하게 대해주고, 정보도 많이 교환하고 좋더라.'

혹여 교회에 처음 나올 때는 그런 마음으로 왔다 하더라도 그런 관계가 계속되면 곤란하다. 인격과 인격의 부딪힘에는 그 자체에서 흐르는 감동이 있어야 한다.

내가 추구하는 '한 사람 철학'이라는 것은 한 영혼을 기능으로 대하지 않는 태도, 한 영혼을 인격적으로 대하는 태도, 이것이 가장 중요한 핵심이다. 교회를 분립하는 것이 좋겠다고 생각한 여러 이유

중에 하나가 이 일을 하기에 분당우리교회가 너무 커졌기 때문이기도 하다.

최근에 우리 교회의 한 장로님과 대화하면서 참 재미있으면서도 감동적인 이야기를 들었다. 장로님이 정년퇴직하고 잠깐 쉬고 있었는데, 워낙 성실하다 보니 금세 스카우트되다시피 하여 새로운 일을 시작하게 되었다. 그러자 아내 권사님이 웃으며 이런 농담을 하시더라는 것이다.

"여보, 당신 새로 취직된 것 나 때문인 거 모르지요?"

"그게 무슨 말이야?"

알고 보니 권사님이 최근에 하나님께 간절히 기도했다고 한다.

"하나님, 돈 좀 주세요. 하나님, 저 돈이 필요합니다."

그렇기 기도했더니 남편 장로님이 취직을 하셨다는 것이다. 감동적인 것은 그다음 이야기다. 권사님이 왜 돈이 필요했는가 하면, 교회에서 워낙 오래 사역하고 봉사를 열심히 하니까 교회 안의 여러 사람이 상담을 청하고 기도를 요청한다고 한다. 권사님은 어떤 경우든 허투루 대하지 않고, 만나서 진심으로 손 잡아주고 상담해주고 기도해준다고 한다. 그렇게 만나려면 밥도 사줘야 하고 차도 사줘야 하니 돈이 필요하다는 것이다. 그러면서 "당신이 취직한 것은 내가 기도한 덕분이니 당신이 받아오는 월급의 반은 내 거예요"라고 하셨다고 한다.

장로님이 가볍게 해준 이야기인데, 이것이 나에게 감동이 되었다.

사람을 함부로 대하고 인명을 경시하는 이 시대 풍조 속에서 '내가 왜 저 사람을 상담해줘야 해? 왜 내가 상담해주는데 밥도 사야 해? 그렇게 한다고 나한테 무슨 유익이 있어?'라는 게 세상의 메시지라면, 예수 믿는 사람으로서 한 사람을 거래 관계로 대하지 않고 마음을 다해 섬기는 권사님과 그런 권사님의 얘기를 가볍게 듣지 않고 진지하게 받아준 장로님의 모습이 너무 귀하게 다가왔다.

이 땅의 모든 크리스천은 사람을 존중히 여기고, 무례하게 대하지 않고, 아랫사람이라고 막 대하지 않는 사람이 되어야 한다. 그래서 예수 믿는 사람에게는 '갑질'이라는 단어는 절대로 있을 수 없다. 이것에서 실패한 것이 아브라함과 사라 부부에게서 발견되는 첫 번째 위험 요소이다.

악한 시대적 영향력 아래 놓여 있는 것

아브라함과 사라가 잘못된 판단을 하게 된 두 번째 위험 요소는 그들이 '악한 시대의 영향력 아래 놓여 있었다는 것'이다.

아브라함과 사라가 '악한 시대의 영향력' 아래 놓여 있었다는 것이 무슨 뜻인가? 당시 사회에서는 자식 없는 아내를 위한 대리모 제도가 있었다고 한다. 부잣집 여주인들이 여종을 통해 아이를 낳아 그 아이를 자신의 아이로 삼는 일들이 행해지던 시대였다.

그런 시대적 배경 속에서 사라는 남편인 아브라함에게 '첩을 통한 아들 낳기'를 제안했고, 아브라함은 아내의 그 제안을 수용했다.

이것이 무엇을 의미하는가? 그 시대의 악한 사회적 분위기 아래에서 그 영향을 받았기 때문 아닌가?

낸시 피어시가 쓴 《네 몸을 사랑하라》라는 제목의 책이 있다. 그 책에 굉장히 중요한 개념을 설명하는 대목이 나온다. 그 책에서 팀 켈러 목사의 '전사인가 도시인인가'라는 글을 인용하는데, 내용이 인상적이다. 상징적으로 AD 800년대 활동했던 영국 앵글로 색슨 전사가 한 명 있고 지금 이 시대 뉴욕 맨해튼에 사는 청년이 한 명 있다고 할 때, 이 두 청년을 비교하면서 설명하는 것이다.

AD 800년대 살았던 영국의 앵글로 색슨 전사에게 두 가지 내면의 충동이 있다고 해보자. 첫 번째는 무례한 사람을 때려죽이고 싶은 충동이다. 이런 충동이 오면 전사의 내면에서 이렇게 이야기할 것이다.

'이게 나야. 이게 내 정체성이야. 난 무례한 사람들을 볼 수 없는 전사야. 그런 것들을 처벌하는 용감한 사람이 나야.'

그리고 그 시대의 모든 사람은 이런 폭력성을 인정해준다.

"이 사람은 진짜 용감해. 무례한 사람들을 가만두지 않고 처치하는 용감함이 있어."

이것이 이 전사의 폭력성을 강화해준다는 것이다.

그런가 하면 이 전사에게 또 한 가지 내면의 충동이 있는데 바로 동성애의 감정이 흐르는 것이다. 그 당시 영국 전사에게 동성애 감정은 황당하기 짝이 없는 것이다. 남성성을 강조하던 그 시대에선 있을 수 없는 일이다. 그래서 전사는 "이건 내가 아니야. 이건 내 모습이 아니야"라며 이 감정을 부인한다.

'나는 이 충동을 억제할 거야. 나는 이 감정을 반드시 이겨낼 거야.'

이것이 AD 800년 앵글로 색슨 전사의 모습이다.

똑같은 충동이 현재 뉴욕 맨해튼에 사는 청년에게도 있다고 가정해보자. 이 청년이 지하철을 타고 가거나 길을 가다가 무례한 사람을 보면 죽이고 싶은 충동을 느낀다. 그럴 때 이 청년은 어떻게 반응할까? '나는 분노 조절 프로그램을 통해 치료받아야 해. 이러다가 사고 치겠다'라며 충동을 엄청나게 억누를 것이다. 뉴욕 청년은 그런 폭력성을 두고 '이게 나야. 이게 내 정체성이야'라고 말하지 않는다.

거꾸로 동성애의 감정에 대해서는 어떻게 반응하겠는가? 짐작하는 대로 '이것은 내 정체성이야'라고 받아들인다는 것이다.

무엇을 말하려는지 알겠는가? 이 같은 비유가 말하고자 하는 바는, 사람은 그 시대의 영향을 받을 수밖에 없다는 것이다. 그리고 그것이 절대 진리라고 말할 수 없다는 것이다.

그 책에 보면, 이 비유가 상징하는 문제가 지금 미국 사회에 스며들고 있는 너무나 현실적인 고민임을 보여주고 있다. 심지어 미국의 어느 지역은 초등학생 아이들 사이에서 "나 레즈비언이야. 너 내 친구가 돼줄래?"라는 이야기들이 오가고 있다고 한다.

그때에 너희는 그 가운데서 행하여 이 세상 풍조를 따르고 공중의 권세 잡은 자를 따랐으니 곧 지금 불순종의 아들들 가운데서 역사하는 영이라 엡 2:2

'이 세상 풍조'라는 것은 우리가 감당하기 어려운 혼란이자 경험해 보지 못한 두려움이다. 언제 그 풍조에 휩쓸려 악한 영향력 아래 놓이게 될지 알 수 없는 일이다. 우리는 우리가 발 딛고 살아가는 이 시대의 문화와 풍습의 영향을 받을 수밖에 없는 존재이기 때문이다.

이는 우리가 이제부터 어린아이가 되지 아니하여 사람의 속임수와 간사한 유혹에 빠져 온갖 교훈의 풍조에 밀려 요동하지 않게 하려 함이라 엡 4:14

이 말씀은 어린아이같이 미숙한 몇몇 사람에게만 해당하는 것이 아니라 우리 모두에게 해당하는 말씀이다. 한순간 까딱하면 상상을 초월하는 유혹에 넘어가고 만다. 그러니 믿음으로 순종해서 결단하고 하나님을 따라왔던 아브라함과 사라가 그 시대의 영향을 받는 모습을 보면서 나는 너무나 큰 두려움을 느꼈다. 오늘 이 시대는 그리스도인으로 살아가기가 너무나 힘든 시대이다.

믿음의 다른 말은 기다림이다

그런 두려움 속에서 나는 바로 앞 장에서 살펴본 하나님이 아브라함과 계약을 맺어주시는 과정에서 나온 한 장면이 떠올랐다. 이미 살펴보았듯이, 창세기 15장에는 하나님이 아브라함과 계약을 맺어주시는 장면이 나온다. 앞에서 다루지 못한 한 장면이 있는데, 그 장면을 보자.

하나님은 아브라함에게 계약에 필요한 준비물들을 알려주시며 준비하게 하신다.

여호와께서 그에게 이르시되 나를 위하여 삼 년 된 암소와 삼 년 된 암염소와 삼 년 된 숫양과 산비둘기와 집비둘기 새끼를 가져올지니라 아브람이 그 모든 것을 가져다가 그 중간을 쪼개고 그 쪼갠 것을 마주 대하여 놓고 그 새는 쪼개지 아니하였으며 창 15:9,10

아브라함이 하나님의 말씀에 순종해서 만반의 준비를 다 해놓았는데, 하나님이 안 오신다. 오셔야 할 하나님은 안 오시고 솔개만 계속 얼쩡거린다.

솔개가 그 사체 위에 내릴 때에는 아브람이 쫓았더라 해 질 때에 아브람에게 깊은 잠이 임하고 큰 흑암과 두려움이 그에게 임하였더니 창 15:11,12

이 장면이 한참 동안 내 머릿속에서 떠나지 않았다. 여기 나오는 솔개는 방치하면 안 되는 부정한 짐승이다. 오셔야 하는 하나님은 안 오시고 솔개만 계속 나타나서 방해한다.

이것이 오늘 우리의 모습 아닌가? 솔개나 쫓고 있는 우리의 모습을 보면서 세상 사람들이 "네 하나님 어디 가셨니? 왜 안 오시니? 솔개만 쫓느라 피곤에 쩔은 네 모습이 안쓰럽다"라며 조롱한다.

"해 질 때에 아브람에게 깊은 잠이 임하고 큰 흑암과 두려움이 그에게 임하였더니."

이것이 오늘 우리의 현실이다. 솔개의 공격은 점점 더 극심해질 것인데, 큰 흑암과 두려움이 우리를 엄습할 텐데, 우리가 바라고 소망하는 것이 무엇인가?

해가 져서 어두울 때에 연기 나는 화로가 보이며 타는 횃불이 쪼갠 고기 사이로 지나더라 **창 15:17**

드디어 하나님이 임하셨다. 흑암으로 두려워하는 아브라함을 위하여 횃불로 임하신 하나님께서 친히 쪼갠 짐승 사이를 지나시면서 "내 존재를 걸고 너에게 약속하마"라고 위로해주신다. 믿음의 다른 말은 기다림이다. 이 사실을 잊으면 안 된다.

또 우리에게 약속하신 분은 신실하시니, 우리는 흔들리지 말고, 우리

가 고백하는 그 소망을 굳게 지킵시다. 히 10:23, 새번역

내가 여호와를 기다리고 기다렸더니 귀를 기울이사 나의 부르짖음을 들으셨도다 시 40:1

솔개의 공격이 계속되고 두려움이 엄습하는 현실 속에서 이 말씀대로 우리의 소망을 굳게 지켜 여호와를 기다리고 기다리는 것, 그래서 결국 하나님의 임재와 응답을 경험하는 것이 이 땅에서 해나갈 우리의 신앙생활 아닌가?

조금만 더 인내하지 않겠는가?

예전에 교회에서 '골판지 간증'이라는 것을 한 적이 있다. 예수 믿기 이전과 예수 믿은 이후의 모습을 골판지 앞뒤에 적고, 나는 예수 믿기 전에는 이랬고 뒤집어서 예수 믿고 나서는 이렇게 되었다고 간증하는 것이다. 아직 어린 중고등학교 학생부터 연세가 아흔이 되신 할아버지에 이르기까지 예수 그리스도의 십자가가 자신의 인생에 어떤 영향력을 미쳤는지 나누는 것을 보면서 가슴이 너무너무 뜨거워졌다.

그중에서 초신자였던 한 분의 간증이 기억에 남는다.

"예수님 만나기 전, 회사 부도와 빚보증으로 신용불량자, 하반신 마비라는 지체 장애인이 되어 이로 인해 삶의 희망을 잃고 자살

충동에 시달렸습니다. 예수님 만난 후, 만남의 축복과 공동체의 보살핌 아래에서 다시 희망을 찾고 뚜렷한 목적을 갖고 살게 되었습니다."

이분이 교회 홈페이지 게시판에 글을 올린 적이 있는데, 제목이 이랬다.

"강도 만나 거반 죽어가던 저를 살리신 하나님의 은혜."

그러면서 당시의 상황을 좀 더 자세하게 나누어주었다.

예수님 만나기 이전

부친 회사 부도, 신용불량자, 실업자, 지체 장애인, 자기 비하, 술과 담배, 음란물 중독, 삶의 기쁨 전혀 없음, 자살 충동, 삶의 만족도 10점 중 1 혹은 -3점.

예수님 만난 이후

○○보건소 정신건강 담당, 서울시장 표창 우수 생명지킴이, 자살유가족 동료지원 활동가, 중앙자살예방센터장 최우수상, KBS, 채널A 방송 출연, 삶의 만족도 10점 중 15점.

이것도 감동이었는데 나를 더 뭉클하게 만든 것은 댓글로 이분의 아내가 남긴 글이었다. 그 글이 정말 많은 생각을 하게 만들었다. 남편의 감동적인 글을 보고는 아내는 그 밑에 이렇게 썼다.

"골판지 간증을 다시 보며 그 후에 예상치 못했던 어려움과 슬픔을 겪었던 것들이 생각나서 더 안쓰러운 맘이 들었어요. 또 그런 파도를 겪으며 떠내려가지 않고 삶의 뚜렷한 목표를 잊어버리지 않고 뚜벅뚜벅 걸어올 수 있었던 것이 너무 다행이고 감사한 맘이 들어요. 다락방, 제자반, 찬양대 또 오가며 만났던 우릴 위해 기도해주시고 위로와 격려를 해주신 많은 분으로 세 겹, 네 겹 꽁꽁 싸매서 우리의 삶을 견인해주신 주님 감사합니다."

이것이 왜 감동이 되었는가 하면, 두 가지 때문이다. 첫 번째는 이 일이 그냥 일어난 일이 아니라는 것이다. 골판지 한번 들었다고 그때부터 '고생 끝, 행복 시작'이 아니라 그렇게 결단하고 나면 솔개들의 공격은 더 많아진다. 솔개들의 유혹이 너무 많아져서 아내가 보기에 남편이 너무 안쓰러웠다고 하지 않았는가. 그것을 이겨냈기 때문에 그 인내가 아름다운 삶의 결과를 가져왔다.

두 번째 감동은 교회 공동체가, 성가대가, 함께 동역하는 주변 모든 사람이 힘을 합해서 그를 도와주고 보살펴주고 용기를 건네주었다는 것이다. 이게 교회다. 그 한 명의 믿음 어린 형제를 세워가기 위하여 소중한 마음으로 그를 보듬어가는 공동체가 바로 교회다.

지금까지 인내하느라 수고한 모든 분에게 눈물로 호소한다. 우리가 솔개를 쫓으며 너무 많이 지쳐 있는 것은 이해되지만, 조금만 더 견디지 않겠는가? 우리를 위하여 그 쪼갠 짐승 사이를 친히 지나가시면서 자신의 존재를 걸고 약속하신 하나님을 신뢰하며 조금만 더 견디지 않겠는가?

기다리되, 감사함으로 기다리라

한 가지 포인트만 더 살펴보자. 예전에 전남대학교병원 정신건강의학과에서 근무하는 의사에게 메일을 받은 적이 있다. 우리 교회 성도도 아니고 내가 아는 분도 아니다. 그런데 그 내용이 너무 놀라웠다.

이분이 전남대학교병원 정신건강의학과에 소속된 팀과 코로나에 관련한 연구를 했는데, 연구 주제가 '코로나블루와 스트레스 예방을 위한 솔루션'이었다고 한다. '코로나블루'라는 것은 코로나 확산으로 생긴 우울감, 우울증 또는 무기력증을 뜻하는 단어이다. 그러니까 어떻게 하면 코로나로 인한 무기력증이나 스트레스를 예방할 수 있는가를 연구했다는 것인데, 연구 결과 답이 딱 나오더라는 것이다. 바로 '감사'였다. 교회에서 낸 결론이 아니라 정부에서 출연한 기금으로 전문가들이 모여서 쓴 논문에 나온 결론이다. 그 내용을 다룬 기사 중 앞부분만 옮겨보았다.

"코로나19 확산 이후 일반인과 의료인에게 우울증과 스트레스가 크게 증가하였지만, 감사하는 마음이 예방 효과가 있다는 연구 결과가 전남대학교병원 정신건강의학과 연구팀에 의해 발표되었다."

이 내용을 생각하며 본문을 다시 보자. 아브라함의 아내 사라가 잘못된 제안을 하는데, 그 첫출발이 무엇인가? 우리를 위해 쪼갠 짐승 사이로 지나며 약속을 주신 하나님을 찬양하는 태도가 아니다. 하나님에 대한 원망, 하나님에 대한 과장된 불평, 하나님이 아기 생기는 것을 허락하지 않으신다는 잘못된 믿음. 이런 것들이 불행한 결과를 가져왔다.

여기서 무엇을 깨달을 수 있는가? 기다림은 감사다. 감사함으로 기다려야 한다. 지금 결핍된 문제에 집중하는 본능을 방치하지 말고, 우리에게 주셨던 하나님의 은혜를 기억해야 한다. 잘못 판단하여 애굽으로 내려가 엉뚱한 곳에서 헤맬 때 하나님이 어떤 은혜로 다시 회복해주셨는지, 지금에 이르기까지 하나님이 어떤 은혜로 인도하셨는지 지나간 시간에 대한 감격을 회복해야 한다. 그 감사와 감격을 회복할 때 우리는 기다릴 수 있다.

당장 오늘 저녁부터 가족들끼리 모여서 한 주를 돌아보며 감사로 마무리 짓기를 바란다. 하나님이 주신 것을 기억하고 하나님에 대해 묵상하며 감사를 찾자. 그렇게 감사함으로 두려움 많은 현실이지만, 조금 더 인내해보자.

너희에게 인내가 필요함은 너희가 하나님의 뜻을 행한 후에 약속하신 것을 받기 위함이라 히 10:36

거의 다 왔는데, 하나님의 약속이 이뤄질 때가 다 되었는데 조금 더 기다리지 못하고 다 쏟아버리는 어리석은 인생이 아니라, 기어이 약속을 성취하시는 하나님의 은혜를 풍성히 누리기 위하여 좀 더 힘을 내고 좀 더 인내하고 좀 더 기다리자.

감사로 어려움을 잘 이겨내서 우리 모두의 삶에서 하나님이 약속하신 것을 받기 위함이라는 이 말씀이 성취되기를 주님의 이름으로 축원한다.

7 여호와의 사자가 광야의 샘물 곁 곧 술 길 샘 곁에서 그를 만나 8 이르되 사래의 여종 하갈아 네가 어디서 왔으며 어디로 가느냐 그가 이르되 나는 내 여주인 사래를 피하여 도망하나이다 9 여호와의 사자가 그에게 이르되 네 여주인에게로 돌아가서 그 수하에 복종하라 10 여호와의 사자가 또 그에게 이르되 내가 네 씨를 크게 번성하여 그 수가 많아 셀 수 없게 하리라 11 여호와의 사자가 또 그에게 이르되 네가 임신하였은즉 아들을 낳으리니 그 이름을 이스마엘이라 하라 이는 여호와께서 네 고통을 들으셨음이니라 12 그가 사람 중에 들나귀 같이 되리니 그의 손이 모든 사람을 치겠고 모든 사람의 손이 그를 칠지며 그가 모든 형제와 대항해서 살리라 하니라 13 하갈이 자기에게 이르신 여호와의 이름을 나를 살피시는 하나님이라 하였으니 이는 내가 어떻게 여기서 나를 살피시는 하나님을 뵈었는고 함이라 14 이러므로 그 샘을 브엘라해로이라 불렀으며 그것은 가데스와 베렛 사이에 있더라 15 하갈이 아브람의 아들을 낳으매 아브람이 하갈이 낳은 그 아들을 이름하여 이스마엘이라 하였더라 16 하갈이 아브람에게 이스마엘을 낳았을 때에 아브람이 팔십육 세였더라

14 *chapter*

하나님은
약자의 눈물을 보신다

이면의 아픔을 간직한 것이 인생

〈전국노래자랑〉이라는 프로그램을 진행하는 송해 선생님을 아마
다 알 것이다. 이분이 1927년생이니까 지금 연세가 90대 중반이 넘
으셨는데, 여전히 건강하게 활동하시면서 전국노래자랑을 진행하
시는 모습을 보면 얼마나 밝고 유쾌한지 참 부럽다.

우리 어머니와도 연세가 비슷하다 보니 마음으로 비교가 되는 것
같다. 우리 어머니는 많이 늙으셨는데 어떻게 저렇게 정정하게 활동
하고 주변 사람들을 기쁘게 해주는 일을 할까? 그래서 '송해 선생
님' 하면 밝음, 건강함 같은 이미지들이 떠오른다.

그런데 얼마 전에 이분의 기사를 읽다가 깜짝 놀랐다. 머리기사
부터가 심상치 않다.

"'남산 절벽 투신, 가지 걸려 살아'… 94세 송해도 당황시킨 다큐."

내용을 보니, 송해 선생님이 계속 고사하다가 찍게 된 다큐에 관한 기사였다. 송해 선생님은 일제강점기에 이북에서 태어나 6·25 전쟁 때 미군 함선을 타고 부산으로 피난을 온 실향민이었는데, 유랑극단 같은 데서 활동하면서 진짜 많이 힘들었다고 한다. 사는 게 너무 힘들어서 남산 절벽에서 투신을 했는데 소나무 가지에 걸려서 살아났던 적도 있다고 한다.

그리고 또 한 가지 참 마음이 아팠던 것이, 오래전에 이십 대 아들이 오토바이를 타고 한남대교를 건너다가 뺑소니 교통사고를 당해서 죽었다는 것이다. 세월이 많이 흘렀지만, 그 트라우마가 깊이 남아 아직도 한남대교를 건너지 못한다고 한다.

겉으로는 늘 밝고 건강해 보였는데 그런 이미지 너머로 상처와 아픔이 있는 것을 보면서 참 인생이라는 게 이런 것이구나 싶었다. 아마 이 땅의 모든 사람이 겉으로는 내색하지 않고 아무렇지도 않게 살아가서 그렇지 전부 다 견뎌내는 세월을 지나고 있을 것이다. 그 마음에 상처가 많고 아픔이 많지만 이겨내고 극복하고 있을 것이다. 그러면서도 여전히 어느 지점에 이르면 그 상처가 드러나기 때문에 한남대교를 건너지 못하는 것 같은 그런 아픔을 갖고 사는 게 우리의 인생 아닐까?

하갈을 찾아내신 하나님

송해 선생님에 대한 기사가 떠올랐던 것은 본문에 등장하는 하갈이라는 여종의 삶이 너무나 가엽고 불쌍하기 때문이다. 성경에 보니 애굽 사람이라고 나와 있는데, 무슨 사연인지는 모르겠지만 어쩌다가 남의 나라에 와서 종살이를 하며 지내고 있었다. 그러다가 입에 담기도 민망하지만 여주인 사라를 대신하여 그 남편의 아이를 낳아야 했던, 원하지 않았지만 겪어야 했던 그 모든 일이 다 아픔이던 인생인데, 여주인의 학대를 견딜 수 없어서 야반도주하듯 도망쳐 광야를 배회하고 있는 것이 본문에 등장하는 하갈의 모습이다.

부자 아브라함의 집에 수많은 식솔과 하인들이 있는데, 그 많은 사람 중에 여종 한 사람 없어졌다고 누가 알아주겠는가? 누가 그를 찾아 헤매겠는가? 그런 현실 속에서 광야에 던져진 그 여종은 얼마나 마음이 복잡하고 힘들었을까?

이렇게 상처가 많고 아픔이 많고 천한 신분으로 낙인찍혀 있던 여인이지만, 하나님께서는 아픔 많고 상처 많은 하갈을 만나주신다.

여호와의 사자가 광야의 샘물 곁 곧 술 길 샘 곁에서 그를 만나 이르되 사래의 여종 하갈아 네가 어디서 왔으며 어디로 가느냐 그가 이르되 나는 내 여주인 사래를 피하여 도망하나이다 창 16:7,8

영어성경으로 보면 '그를 만나'에서 '만나다'가 'meet'(만나다)의 과거형이 아니라 'find'(찾다)의 과거형으로 쓰였다. 이것이 참 감동으로 다가왔다. 여기에 나오는 '만나다'라는 동사는 히브리어 원어로 보면 '마짜'라는 단어인데, 이 단어는 우연히 마주치는 만남이 아니라 적극적으로 나서서 찾아내는 것을 뜻한다.

'마짜'라는 단어가 구약에 한 번 더 나온다.

> 여호와께서 이르시되 내가 만일 소돔 성읍 가운데에서 의인 오십 명을 찾으면 그들을 위하여 온 지역을 용서하리라 창 18:26

여기서 "의인 오십 명을 찾으면" 할 때의 '찾다'가 '마짜'이다. 하나님께서 소돔 성을 멸하시겠다고 하는 심각한 상황에서 나온 말이다. '우연히 마주치면'이란 뜻이 아니다.

보잘것없는 한 인생의 눈물을 보시는 하나님께서 지금 우연히 하갈과 마주친 게 아니다. 광야 샘물 곁에서 여호와의 사자가 하갈을 만났다고 할 때 이 만남은 하나님께서 온 마음을 기울여 만나주신 만남이었다.

이 말씀이 특별히 나에게 깊이 다가온 것은, 이십 대 초반 시카고에 던져졌을 때, 그때 하나님이 나를 '마짜' 해주셨기 때문이다. 하나님이 나를 어떤 은혜로 만나주셨는지 그 감격이 얼마나 컸으면 그 이후 한국으로 돌아와 평생을 하나님의 은혜에 보은하면서 살아가고 있겠는가? 이것이 '마짜'다.

하갈을 인격으로 대해주신 하나님

그런가 하면 하나님이 은혜로 이 여인을 만나주시는데, 하나님의 배려하심이 너무나 큰 감동으로 와 닿는 부분이 또 한 가지 있다. 앞에서 아브라함과 사라가 하갈을 인격적으로 대우하지 않고 물건처럼 취급했다고 했다. 그저 자신들의 필요와 욕구를 채워주는 도구로 취급했다. 그래서 이름을 부르지 않았다.

"사래가 아브람에게 이르되 여호와께서 내 출산을 허락하지 아니하셨으니 원하건대 내 여종에게 들어가라"(창 16:2).

여주인 사라가 수많은 여종들 중에서 자신의 아이를 대신 낳을 도구로 이 여자를 쓰기로 했을 때는, 그를 얼마나 신임했다는 뜻이겠는가? 얼마나 오랜 세월 그를 속속들이 알았으면 이 여자를 택했겠는가? 그런데도 이름을 부르지 않았다.

5절도 마찬가지다.

"사래가 아브람에게 이르되 내가 받는 모욕은 당신이 받아야 옳도다 내가 나의 여종을 당신의 품에 두었거늘."

그랬더니 6절의 아브라함도 똑같이 대한다.

"아브람이 사래에게 이르되 당신의 여종은 당신의 수중에 있으니 당신의 눈에 좋을 대로 그에게 행하라 하매."

지금 하나의 인격으로 전혀 대우하지 않고 이름을 아예 부르지 않는다.

그런데 이 여인을 만나주셨던 하나님의 첫 번째 메시지가 무엇인가?

여호와의 사자가 광야의 샘물 곁 곧 술 길 샘 곁에서 그를 만나 이르되 사래의 여종 하갈아 네가 어디서 왔으며 어디로 가느냐 그가 이르되 나는 내 여주인 사래를 피하여 도망하나이다 창 12:7,8

하갈의 이름이 처음으로 불리는 장면이다. 하나님의 배려가 느껴지지 않는가?

하나님은 내 이름을 아신다

토미 워커 목사님이 쓴 곡 중에서 〈내 이름 아시죠〉라는 유명한 찬양이 있다. 토미 워커 목사님이 이 찬양을 쓰게 된 사연이 있는데, 그 사연이 무척 감동적이었다.

토미 워커 목사님이 필리핀에서 집회를 한 적이 있는데, 그 집회에서 '제리'라는 고아 소년을 만났다. 사랑에 굶주리고 목이 말랐던 그 소년은 계속 같은 말을 반복해서 물었다.

"내 이름 아세요? 내 이름 아시죠? 내 이름이 뭐예요?"

대답해주었는데도 묻고 또 물었다. 계속 "내 이름 기억하세요?"라고 물으니까 그때마다 토미 워커 목사님은 친절하게 그 아이의 이름을 불러주면서 "너 제리잖아. 네 이름 기억하지. 제리 맞잖아"라고 대답해주었다고 한다.

그러면서 문득 이런 생각이 들었다고 한다.

'아, 이 아이가 외로워서 자기 존재를 알리고 싶은 것처럼 모든 인생이 다 외로운 존재 아닌가? 우리 모든 인간이 한 인격으로 존중받기를 원하고 사람들이 알아주기를 바라는 사랑에 목마른 존재가 아닌가?'

그러다가 하나님이 떠올랐다고 한다. 그러면서 이런 가사가 나왔다.

"내 이름 아시죠. 내 모든 생각도."

이 목사님의 생각이 옳다. 많은 성도가 모인 교회를 담임하는 나도 종종 텅 빈 들판에 혼자 서 있는 것 같은 느낌이 든다. 결혼도 했고, 자녀들이 셋이나 있는 가정을 누리며 살지만 그럼에도 어떤 순간엔 혼자인 것 같다. 이런 것이 인간이다.

그리고 내가 존재 자체로 쓰임새가 있는지 없는지로 판단하지 아니하시는 하나님과는 달리 세상은 '설교 얼마나 잘하나? 나한테 얼마나 잘해주나?'를 쉬지 않고 판단한다.

이런 세상의 각박한 원리를 뛰어넘어 적극적으로 가련한 한 여인을 찾아주시고 만나자마자 이름을 불러주시면서 그 상함을 어루만져주시는 그 하나님이 내 하나님이다. 그분이 내 아빠 아버지시다.

성도가 많이 모이는 교회의 목사가 되었다고 외로움이 사라지는 게 아니다. 내 내면에 있는 외로움은 하나님과의 관계 회복이 이루어질 때 사라진다. 내가 새벽마다 하나님 앞에 나가 무릎을 꿇을 때 하나님께서는 나의 이름을 불러주시고 또 어떨 때는 '너무 애쓰지 마라. 너무 애쓰지 않아도 괜찮다. 네가 얼마나 훌륭하고 얼마나 설교 잘하는 목사인지 관계없이 나는 네 존재가 너무나 사랑스럽다'라고 해주신다. 신앙생활의 묘미가 이 하나님을 만나는 것 아니겠는가?

그런데 우리가 한 가지 기억할 게 있다. 이렇게 위로자로 다가오시는 하나님이신데 인간의 위로와 결정적으로 다른 게 있다. 하나님의 위로하심 속에는 정말 중요한 두 가지 요소가 담겨 있다. 하갈을 향한 하나님의 위로에도 이런 두 가지 측면이 있다.

하나님의 위로는 문제의 원인을 깨닫게 한다

첫 번째는, 하나님의 위로에는 '문제의 원인을 깨닫게 하심'이 내포되어 있다는 것이다.

이것이 무슨 의미일까? 하나님께서 하갈의 이름을 불러주셨다고 했는데, 이름만 부르신 게 아니다. 8절을 다시 보자.

"이르되 사래의 여종 하갈아 네가 어디서 왔으며 어디로 가느냐 그가 이르되 나는 내 여주인 사래를 피하여 도망하나이다."

하나님은 왜 하갈의 이름만 부르시는 것이 아니라 "사래의 여종 하갈아"라고 하시며 '사래의 여종'을 덧붙여 부르실까? 여기에 중요한 의미가 있다. 하나님의 위로 속에는 그가 겪고 있는 '문제의 원인'도 함께 깨닫기를 원하시는 마음이 있기 때문이다.

사실 하갈이 겪고 있는 문제의 근원적인 잘못은 하갈을 비인격적으로 대하는 아브라함과 사라에게 있었지만, 당사자 하갈도 문제를 유발시키는 짓을 저질렀다.

"아브람이 하갈과 동침하였더니 하갈이 임신하매 그가 자기의 임신함을 알고 그의 여주인을 멸시한지라"(창 16:4).

하나님은 하갈이 이 사실을 자각하기를 원하시는 것이다. 대인관계에서 생겨나는 문제는 절대로 한쪽 이야기만 듣고 판단하면 안 된다. 항상 손뼉을 마주친 상대가 있기 마련이다. 하갈이 자기가 원인 제공한 이야기는 쏙 빼놓고 사라가 핍박해서 도망 다닌다고 얘기하고 있지 않은가? 이것이 인간의 본능이다. 그렇기 때문에 우리는 하나님의 위로하심에는 우리의 근원적인 문제를 돌아보게 하는 힘이 있다는 것을 기억해야 한다.

시어머니와 며느리 사이에서 가슴 아픈 갈등과 오해가 생기는 일이 얼마나 많은가? 요즘에는 장모님과 사위 사이의 갈등도 크다고 한다. 가정에 그런 오해와 어려움이 있을 때 문제의 원인을 상대방에게서 다 찾으려는 태도를 하나님은 기뻐하지 않으신다.

광야에 던져진 우리 인생을 어루만져주시고 위로해주시는 하나님의 은혜를 경험했다면, 하나님의 그 위로 속에는 '너에게도 문제의 원인이 있다. 너의 태도 속에서 원인 제공한 것을 돌아보아라'라고 하시며 문제의 원인을 깨닫게 해주시는 내용이 포함되어 있다는 사실을 기억하자.

> 묵시가 없으면 백성이 방자히 행하거니와 율법을 지키는 자는 복이 있느니라 잠 29:18

목사인지 장로인지가 중요한 게 아니고, 얼마나 오래 신앙생활을 했는지가 중요한 게 아니다. 우리 삶 속에서 하나님의 말씀이 작동되느냐가 문제다. 아무리 예배 시간에 눈물 흘리고 은혜받아도 직장에서, 학교에서 하나님의 말씀이 작동되지 않으면, 우리는 삶 속에서 벌어지는 모든 문제 속에서 늘 다른 사람 탓이고 나는 원인 제공한 것이 하나도 없다고 생각한다. 하나님의 말씀이 우리 일상생활 속에서 작동되어야 방자히 행하지 않게 된다. 이것을 우리 마음에 담아야 한다.

> 고난당한 것이 내게 유익이라 이로 말미암아 내가 주의 율례들을 배우게 되었나이다 시 119:71

제일 어리석은 게 무엇인지 아는가? 고난은 고난대로 당하면서 주의 법도를 배우지 못한다면 얼마나 억울한 일인가? 많은 아픔과 시련과 고난이 있는 게 인생길이라면, 그 과정에서 주님의 법도를 배우는 전화위복의 은혜를 누리게 되기를 바란다. 이것이 하나님의 위로에 내포된 첫 번째 요소이다.

하나님의 위로는 회복의 자리로 돌아가게 한다

두 번째로, 하갈을 향한 하나님의 위로하심에는 '회복의 자리로 돌아가게 하는 능력'이 내포되어 있다.

> 여호와의 사자가 광야의 샘물 곁 곧 술 길 샘 곁에서 그를 만나 **창 16:7**

여기에서 나오는 '술 길'의 '술'은 수르 광야를 의미한다. 지도상 아브라함의 집에서 왼쪽에 위치한 것이 수르 광야인데, 그곳은 애굽으로 가는 길이다. 하갈이 애굽 여자라고 하지 않았는가? 그가 지금 어디로 가고 있는 것인가? 너무 큰 상처를 받고 자기 고향으로 돌아가는 중인데, 하나님께서 그 길을 막으신다. 이것은 현실도피라는 것이다. 그러면 안 된다는 것이다.

> 이르되 사래의 여종 하갈아 네가 어디서 왔으며 어디로 가느냐 그가 이르되 나는 내 여주인 사래를 피하여 도망하나이다 **창 16:8**

이 말씀이 내포한 의미가 무엇인가? 두려워서 동굴로 숨어들었던 엘리야에게 주신 하나님의 말씀을 기억하는가?

엘리야가 그곳 굴에 들어가 거기서 머물더니 여호와의 말씀이 그에게
임하여 이르시되 엘리야야 네가 어찌하여 여기 있느냐 **왕상 19:9**

지금 가고 있는 그 길이 엉뚱한 길이라는 것 아닌가? 타락한 아
담과 하와가 숨어 있을 때 하나님이 무슨 말씀을 주셨는가?

그들이 그날 바람이 불 때 동산에 거니시는 여호와 하나님의 소리를
듣고 아담과 그의 아내가 여호와 하나님의 낯을 피하여 동산 나무 사
이에 숨은지라 여호와 하나님이 아담을 부르시며 그에게 이르시되 네
가 어디 있느냐 **창 3:8,9**

하나님은 범죄하고 숨어 있던 아담과 하와를 찾으신다. 그러고
는 '네가 왜 엉뚱한 곳에서 비참하게 숨어 있느냐'고 말씀하신다.
이 하나님의 말씀이 하갈에게도 전해졌다. 문제를 직면하지 못하
고 다시 애굽으로 돌아가려는 하갈에게 '너 왜 엉뚱한 길로 가려고
하느냐'라고 하시며 궤도 수정을 명하신다.

돌아가 스스로 낮아지게 하라
그러고는 냉정해 보이는 한마디를 하신다.

여호와의 사자가 그에게 이르되 네 여주인에게로 돌아가서 그 수하에

복종하라 **창 16:9**

여주인의 핍박을 견디다 못해서 임신한 몸으로 그 집을 뛰쳐나온 여종에게 주인에게로 다시 돌아가라는 하나님의 말씀은 너무 잔인한 것 아닌가? 이것도 이해가 안 되는데, 더 이해할 수 없는 말씀은 그에게로 돌아가서 그 수하에 복종하라는 것이다. 시험받기 딱 좋은 말씀이다. 어떻게 이런 말씀을 하실 수 있는가?

나도 이 말씀이 너무 어려웠다. 오해의 소지가 있는 말씀이기 때문에 심사숙고하며 여러 자료를 찾아보았다. 그러다 내가 오해했다는 것을 깨달았다. 아마 대부분의 사람들도 오해하고 있을 것이다.

'복종하라'는 말 때문에 많은 사람들이 오해하고 있을 텐데, 여기 나오는 '복종하라'는 히브리어 '아나'라는 단어의 재귀형 동사라고 한다. 간단하게 말해서 "그 수하에 복종하라"라는 말을 히브리어 원어의 뜻에 좀 더 가깝게 번역하면 '너 스스로 낮아지게 하라'이다.

그러니까 지금 하나님께서 말씀하시는 요지는 이것이다. 여주인이 핍박한다고 애굽으로 도망가는 현실도피가 답이 아니라, 임신했다고 교만해져서 여주인을 멸시하는 태도를 고치고 하나님 앞에서 스스로를 낮추는 겸손을 회복하라는 것이다. 이것이 대안이라는 것이다. 이런 지침을 주시고는 그다음 10절부터 놀라운 약속의 말씀을 주신다.

여호와의 사자가 또 그에게 이르되 내가 네 씨를 크게 번성하여 그 수
가 많아 셀 수 없게 하리라 여호와의 사자가 또 그에게 이르되 네가 임
신하였은즉 아들을 낳으리니 그 이름을 이스마엘이라 하라 이는 여호
와께서 네 고통을 들으셨음이니라 **창 16:10,11**

광야로 도망했던 하갈은 하나님의 이 약속의 말씀에 가슴이 벅찼
을 것이다.

"네 씨를 크게 번성하여 … 네가 임신하였은즉 아들을 낳으리니."

광야에 던져진 상황에서, 절대로 불가능할 것 같은 약속의 말씀
을 주시면서 하나님은 이렇게 말씀하신다.

'여호와께서 너의 고통을 들으셨기 때문에 너는 한 가지만 하면
된다. 교만했던 것을 내려놓고, 종의 신분을 잊어버린 채 주인을 멸
시하고 비아냥거렸던 태도를 고치고 다시 겸손해져라.'

오늘 우리에게도 주시는 메시지 아닌가?

브엘라해로이, 나를 살피시는 하나님

하갈이 얼마나 하나님의 말씀에 감격했는지 생소한 행동을 하
나 하는데, 하나님께 '나를 살피시는 하나님'이라고 이름을 지어
불러드린다. 그리고 거기에 있던 샘에 '브엘라해로이'라는 이름을
붙인다.

자료를 보니까 '브엘라해로이'라는 말의 뜻은 '나를 살피신 살아 계신 자에게 속하는 우물'이라고 한다. 하갈 입장에서 평생에 잊히지 않는 추억의 우물이 된 것이다.

하갈에게 있어서 하나님 만나기 전의 그 우물은 절망의 우물이다. 고독의 우물이다. 낙심과 좌절의 우물이다. 그런데 하나님을 만나고 나니 그 우물의 의미가 달라졌다. 그래서 너무나 벅찬 감격으로 그 우물에 새로운 이름을 붙였다. 그 우물에 새로운 의미가 부여된 것이다.

나는 이 구절을 보면서 야곱이 떠올랐다. 야곱도 똑같은 상황이지 않았는가? 자기 잔꾀에 의지하다가 자승자박이 되어서 야반도주하듯이 광야 길로 도망갔다. 이것도 하갈과 똑같다. 그런데 하나님은 자기 잘못으로 광야로 도망가 돌을 베개 삼아 잠을 청하는 초라하고 연약한 야곱을 만나주셨다.

다가 기둥으로 세우고 그 위에 기름을 붓고 그곳 이름을 벧엘이라 하였더라 이 성의 옛 이름은 루스더라 창 28:16-19

야곱에게 고독했던 '루스'가 살아 계신 하나님이 만나주신 사건을 통해 '벧엘'로 바뀌었다. 언제까지 루스의 고독을 부르짖으며 돌을 베개 삼아 초라하게 살아가겠는가? 하나님을 만나면 루스가 벧엘로 바뀐다.

하갈의 감격이 이 감격이다. 절망의 광야에서 만난 절망의 샘이 브엘라해로이, 즉 나를 살피신 살아 계신 자에게 속한 우물로 바뀌었다. 평생을 절망의 날을 기억하면서 상처 구덩이를 뒹굴 수밖에 없던 하갈이라는 한 여인을 주님이 만나주심으로 환희의 기쁨으로 우물의 이름을 지을 수 있게 해주셨다. 예수 믿는 우리도 이런 감격적인 변화를 경험해야 한다.

나를 살피시는 하나님을 나도 보게 되었다!

여기서 한 가지, 이런 큰 은혜를 경험한 하갈의 고백을 주목해야 한다. 창세기 16장 13절을 다시 보자.

"하갈이 자기에게 이르신 여호와의 이름을 나를 살피시는 하나님이라 하였으니 이는 내가 어떻게 여기서 나를 살피시는 하나님을 뵈었는고 함이라."

하갈의 고백이 무엇인가? 자기를 살피시는 하나님, 자기를 보고 계시는 그 하나님을 자신도 볼 수 있게 되었다는 것이다. 놀라운 고백 아닌가?

나는 예수 믿는 청년들에게 호소하고 싶다. 교회가 예수 믿는 청년들에게 실망을 안겨주고, 그리고 앞서가는 어른들이 믿음의 본을 보이지 않는다 할지라도, 그렇다고 하갈처럼 광야로 도망가면 안 된다. 교회가 실망스럽다고 애굽으로 되돌아가면 안 된다. 어떤 경우에라도 여호와의 집으로 돌아와야 한다. 여호와의 집으로 와서 하갈과 같이 고백해야 한다. '나를 살피시는 하나님을 나도 보게 되었다'라고. 사람들은 마음에 여러 가지 상처를 줬지만, 오늘도 나를 살피시는 하나님을 내가 보게 되었노라고 고백하는 그 현장에 하나님의 역사가 일어날 줄로 믿는다.

우리 삶 속에서 나를 아프게 하고 고독하게 하고 절망하게 만들었던 그 샘을 우리는 어떤 이름으로 지어서 부를 수 있을까? 우리 생애에 약자를 돌보시는 하나님을 만남으로 '루스가 벧엘로 변했을 때의 기쁨이 이런 것이구나. 고독한 광야에서 절망에 빠져 있던 하갈을 브엘라해로이, 나를 살피신 살아 계신 자에게 속하는 우물이라고 노래할 수 있게 만든 하나님의 은혜가 이런 것이구나'라고 고백할 수 있는 기쁨과 감사를 발견하기를 바란다.

가슴 뛰는 부르심

초판 1쇄 발행	2022년 4월 15일
초판 7쇄 발행	2025년 1월 22일

지은이	이찬수

펴낸이	여진구		
책임편집	이영주		
편집	박소영 최현수 구주은 안수경 김도연 김아진 정아혜		
책임디자인	마영애 | 노지현 조은혜 정은혜		
홍보 · 외서	진효지		
마케팅	김상순 강성민	마케팅지원	최영배 정나영
제작	조영석 허병용	경영지원	김혜경 김경희

303비전성경암송학교 유니게 과정
이슬비전도학교 / 303비전성경암송학교 / 303비전꿈나무장학회

펴낸곳	규장

주소 06770 서울시 서초구 매헌로 16길 20(양재2동) 규장선교센터
전화 02)578-0003   팩스 02)578-7332
이메일 kyujang0691@gmail.com   홈페이지 www.kyujang.com
페이스북 facebook.com/kyujangbook   인스타그램 instagram.com/kyujang_com
카카오스토리 story.kakao.com/kyujangbook
등록일 1978.8.14. 제1-22

ⓒ 저자와의 협약 아래 인지는 생략되었습니다.
이 출판물은 저작권법에 의해 보호를 받는 저작물이므로 무단 전재와 무단 복제를 할 수 없습니다.

책값 뒤표지에 있습니다.
ISBN 979-11-6504-313-1 03230

규 | 장 | 수 | 칙

1. 기도로 기획하고 기도로 제작한다.
2. 오직 그리스도의 성품을 사모하는 독자가 원하고 필요로 하는 책만을 출판한다.
3. 한 활자 한 문장에 온 정성을 쏟는다.
4. 성실과 정확을 생명으로 삼고 일한다.
5. 긍정적이며 적극적인 신앙과 신행일치에의 안내자의 사명을 다한다.
6. 충고와 조언을 항상 감사로 경청한다.
7. 지상목표는 문서선교에 있다.

하나님을 사랑하는 자 곧 그의 뜻대로 부르심을 입은 자들에게는 모든 것이 合力하여 善을 이루느니라(롬 8:28)

규장은 문서를 통해 복음전파와 신앙교육에 주력하는 국제적 출판사들의
협의체인 복음주의출판협회(E.C.P.A:Evangelical Christian Publishers
Association)의 출판정신에 동참하는 회원(Associate Member)입니다.

Member of the
Evangelical Christian
Publishers Association